# 文化创意产业与社区艺术融合互动研究

彭紫蓉 著

中国商业出版社

**图书在版编目（CIP）数据**

文化创意产业与社区艺术融合互动研究 / 彭紫蓉著
. -- 北京 : 中国商业出版社, 2023. 12
ISBN 978-7-5208-2837-6

Ⅰ. ①文… Ⅱ. ①彭… Ⅲ. ①文化产业－产业发展－研究－中国 Ⅳ. ①G124

中国国家版本馆CIP数据核字(2023)第247147号

责任编辑：袁　娜

中国商业出版社出版发行
（www.zgsycb.com　100053　北京广安门内报国寺1号）
总编室：010-63180647　编辑室：010-83128926
发行部：010-83120835/8286
新华书店经销
天津和萱印刷有限公司印刷

*

787毫米×1092毫米　16开　6印张　100千字
2023年12月第1版　2023年12月第1次印刷
定价：55.00元

* * * *

# 前　言

在经济全球化的背景下，一种以创造力为核心的文化创意产业产生了，正在为全球带来巨大的经济效益。全球创意经济每天创造220亿美元，并以5%的速度递增。文化创意产业的巨大经济潜力逐渐被各国和地区所认同，成为国民经济的重要支柱性产业。根据《创意经济展望：创意产业国际贸易趋势》研究报告可知，尽管全球贸易增长速度放缓，但创意经济逆势而上，我国在创意产品及服务贸易方面持续占据全球主导地位。该报告研究了130个国家和地区的创意经济概况，其中我国创意产品贸易增长显著，表现优异。我国作为全球最大的创意产品及服务出口国和进口国，一直是推动全球创意经济繁荣的主要力量，并持续在全球创意经济中处于领先地位。

社区艺术是一种让群众参与艺术创作，将艺术与大众的距离缩短，打破传统艺术形式的生活艺术。社区艺术又被称为“共同体参与艺术”“共同体艺术”等，它不仅会打破传统的艺术形式，缩短艺术与大众之间的距离，更值得关注的是，由此达成的共识、认同与亲密性将激发成员对所属地区的关心，进而主动关注社会的发展。

当前，我国的文化创意产业蓬勃发展，文化创意产业在城市经济发展中创造了大量的价值。当然，文化创意产业的价值远不止于此，对它的研究也不能仅仅局限于在文化经济中思考，还应当关注作为经济活动主体的人及人的活动。本书借鉴日本、韩国社区艺术的成功经验，将艺术介入社区的形式与文化创意产业的发展相结合，同时结合“创意场”“场所营造”等理论框架，提出促进文化创意产业与社区融合互动、活化与再利用文化产业空间、引导社区居民共同参与等举措，使文化创意产业成为城市再生和发展的重要推动力。通过发展社区文化创意产业，有利于改善城市居住环境、增加就业机会、提高社区居民生活水平，从而取得创意经济与社区建设共赢的效果。

本书综合运用文献研究法、案例研究法、历史比较法等，对文化创意产业与社区融合互动等因素进行了系统分析与阐释，并为优化艺术介入社区、促进文化创意产业发展提供了一个系统性分析框架与若干对策建议。本书试图通过创意产业与社区融会贯通，探索融合生产与生活的创意产业社区化发展模式和营造方法。

本书是笔者在博士求学期间，在导师安炳贞教授的指导下，对社区艺术与文化创意产业融合互动问题的思考与总结。书中选取了笔者之前发表过的部分文章、案例研究成果等内容。本书在笔者已通过答辩的博士论文基础上，联系社区服务、社区建设及文化创意产业的新内涵、新特征，基于国内与国际案例比较研究视角，重新进行了梳理、补充及完善。与原博士论文相比，框架结构作了一些调整，并补充了大量最新研究内容，尽可能地使其更为系统、严谨。

本书为广州铁路职业技术学院人才引进项目“乡村振兴视阈下的粤港澳大湾区特色美育服务路径与实施”（GTXYR2204）的阶段性研究成果。

# 目　录

# 第一章 绪 论

文化是民族生存和发展的重要力量。在新的起点上推动文化繁荣、建设文化强国、建设中华民族现代文明，是我们在新时代新的文化使命。社区文化服务体系是现代国家维护公民根本文化权利的重要保障；发展文化创意产业是建设社会主义文化强国的重要内容，也有利于促进文化艺术作品的内容与技术、模式、业态等融合发展，创造新的经济业态，增加文化创意产业与服务供给，实现社会效益和经济效益有机统一。本章首先在对现有的文化创意产业与社区研究背景进行系统梳理的基础上，提出文化创意产业与社区融合互动的必要性与现实意义；其次，对本书的主要研究内容进行了梳理，对研究过程中运用的研究方法进行了系统阐释；最后对本书研究内容的专业用语进行了定义。

## 第一节 研究背景及目的

文化创意产业（Cultural and Creative Industries）是文化产业和创意产业相结合的概念。文化产业是来源于德国社会哲学教授霍克海默和阿多诺大众文化批判理论的重要内容，其概念最初在《启蒙辩证法》中提出，也称为“文化工业”“内容产业”“娱乐产业“等。联合国教科文组织将文化产业定义为按照工业标准生产、再生产、储存以及分配文化产品和服务的一系列活动。

近二十年来，在经济全球化的背景下，文化创意产业作为带动经济发展的新兴产业，以创造力为核心，正在为全球带来巨大的经济效益。文化创意是以文化为元素，融合多元文化，整合相关学科，利用不同载体而构建的再造与创新的文化现象。文化创意产业是指依靠创意人的智慧、技能和天赋，借助于高科技对文化资源进行创造与提升，通过知识产权的开发和运用，产生出高附加值产品，具有创造财富和就业潜力的产业。

近年文化创意产业的优势凸显，一方面，经济结构与形态的转型实际上是一种社会发展的文化转型。另一方面，我国面临来自工业化进程的自然资源消耗、生态环境压力、传统产业衰退以及生活质量低下等诸多矛盾，谋求一种产业结构更合理、经济发展更有序并可持续发展的新经济形态，即由以投资为主的经济推动力向以创新为主的经济推动力的模式转变。

查尔斯·兰德利（Charles Landry）在《创意城市》中鼓励创造具有想象力的城市，这远远比一味专注于诸如道路、千篇一律的住宅开发，或平凡无奇的办公大楼等硬件设施建设更具有吸引力。文化创意产业所带动的创意城市发展还需要结合软件基础设施建设，软件设施包括关注人们如何才能会面、交换意见，并建立关系网络，鼓励营造促进人际沟通的空间。这不仅需要营造良好的气氛，还要考虑如何提高人们的生活质量。

随着文化创意产业带来经济效益的大量产出，“产业”一词已经变成关于大规模制造和重复性大批量生产的“隐喻”。过去五十年来，人们着手处理经济和经营的方式是“一次性创新”，关注不断降低的成本与产品的大量生产。但这样的概念是对文化创意产业本质的错误理解，2008 年《创意英国：新经济新人才》（*Creative Britain - New Talents for the New Economy*）报告中，英国从关注“以产业为中心”的机构转向关注“以人为中心”的过程，这对世界文化创意产业的发展给予了新的提示，文化创意产业的经济增长大部分来自其“增加的象征性的价值”（added symbolic value）。即以创意为核心，向大众提供文化、艺术、心理、娱乐感受，赋予其与一般产品具有差异化的体验，从而使之获得超出物质形态的附加价值。换句话说，更加关注人对文化、艺术、娱乐等的精神需求。

“社区”的英文是“community”，德国社会学家滕尼斯最早认为，社区指一种基于血缘关系或自然情感的社会有机体，而随着社会变迁和社会学科的发展，它的含义也不断丰富。在不同国家、不同地域、不同文化以及不同历史发展阶段，由于社区研究时间不同，因此学者们对社区的界定也有了多元化的倾向。我国一些学者认为，社区是进行一定的社会活动，具有某种互动关系的共同文化维系力的人类群体及其活动区域。社区是人的聚集及形成结构化空间的社会过程。文化是个人内心探索生活的标准和方向，其与社会因素的相互依赖是社区形成的动因，由此，人们在一定地域内聚集并形成某种结构化的社会空间。这不仅仅是物理上的聚集，还包括了社会关系、共同利益和文化认同等社会因素。社区的形成和发展受到多种因素的影响，包括经济、政治、历史和文化等。由于社区不仅是人的群居地，更是文化的组织和社交的单元，从对个人的关心与价值实现开始，让地方成员通过共享的社区社会实践，在公共领域自发地再现多样、独特的文化资源，因此需要制定地区建设和共同参与文化活动的社区发展战略。

社区艺术要求以文化为基础，让群众参与艺术创作，是一种将艺术与大众的距离缩短，打破传统艺术形式的生活艺术。社区艺术又被称为“共同体参与艺术”“共同体艺术”等，它以艺术的形式介入社区建设，20世纪开始在美国流行。它旨在打破高文化与低文化之间的界限，让大众参与到艺术创作中，由于社区居民多样化的特性，它更强调包容性和交互性。在社区艺术活动过程中，参与者真实地反映参与社会活动经验和需求，通过参与艺术活动表达情感，形成对周围世界的价值判断和探讨。参加社区艺术活动的共同体成员，通过活动过程中形成的关系，不断相互作用、相互理解，实现经验共享。只有地区居民自己参与并主导创造的地区共同体所形成的再生产结构，才能将破碎的城市生活关系重新组成共同体生活关系，最终形成居民自己的地区文化，促进地区文化的活性化。

文化资源具有膜拜体验价值、展示体验价值和交互体验价值，这些价值连接着艺术、媒体和功能创意等不同层次的文化形态，连接着文化博物、视觉艺术、数码创意、文化创意产品等不同门类的文化行业，连接着文化旅游、创意会展、文化科技等不同形态的产业范畴，连接着社区、城市等不同范围的发展区域。16世纪意大利佛罗伦萨的美第奇效应和20世纪美国纽约的安迪沃霍尔经济现象，充分证明了文化艺术在推动一个国家和地区的地方经济、城市发展和产业转型中的巨大价值。[①]

社区文化创意经济的核心在于社区场景的构建，即场所营造。场所营造是一种用于公共空间规划、设计和管理的方法，我们可以塑造自己的公共区域，以最大化共享价值加强人与人共享地域的联系。地域空间并不等同于场所，空间仅仅提供了人们实现各种需求的机会，只有能从社会文化、历史事件、人的活动和特定地域条件中获得意义的空间，才能称为场所，也就是说，场所是有意义的空间。场所在某种意义上，是一个人记忆的物体化和空间化，是对空间的认同感和

① 向勇，崔世平，许秀菊，等.社区经济与创意营造[M].北京：社会科学文献出版社，2018：8-9.

归属感。富有创意的场所营造能够促进社区繁荣，为社区内成员创造更多机会。例如，通过在未得到充分利用的街道上，将不同类型的艺术空间聚集在一起，让社区形成有规划性的人流模式；再通过完善公共基础设施建设，让居民通过饮食和购物带动社区经济发展。

通过社区营造发展地方特色产业是重塑地方形象、提升地方可识别度的重要方法和途径。地区文化具有地域性和独特性，资源要素也各有不同，以此发展的文化创意产业，是城市可持续发展的根基和动力。本书在城市与创意产业之间、本土化产业与创意产业之间不断探索、融合创新，为社区的研究与发展提供了重要的对话空间，进而推动地区文化创意产业多元化发展与融合创新。更多领域的对话可以作为政策形成的基础，以激发社区的活力与创意，进而带来文化创意及相关产业蓬勃发展的新气象。

## 第二节　研究内容与研究方法

本节对本书的主要研究内容进行了系统梳理与归纳，并对研究过程中运用的定性与定量研究方法进行了系统阐释。

### 一、研究内容

本书要对文化创意产业与社区融合互动的机理、经验与教训以及如何实施进行分析。主要包括以下四部分内容。

第一部分主要阐述研究背景及研究的目的。在现有研究基础上提出自己的研究视角，整理研究内容，提出本书的主要研究方法，界定研究对象。

第二部分主要阐述理论基础。一是关于文化创意产业和社区艺术这两个关键词的理论内涵界定。通过对国内外学者对于文化创意产业与社区艺术研究成果的历史比较研究，明确文化创意产业与社区艺术的概念与理论要义。二是理论研究视角。对创意圈、场所营造等理论依据进行系统阐释，明确其内涵及对于本书的现实理论价值。 三是文化创意产业与社区艺术融合互动的理论内涵与理论分析框架。通过对文化创意产业与社区艺术相关文献的梳理，明确文化创意产业与社区艺术融合互动的概念内涵，并构建本书的理论分析框架。

第三部分基于文献研究与实证研究，系统分析了文化创意产业与社区艺术融合互动的要素与主客体关系，并通过对多国家案例比较、机理分析，详细阐述了社会价值及动力要素。一是对当前我国多个典型文化创意产业与社区艺术融合互动中存在的问题进行了系统分析，探讨形成文化创意产业与社区艺术融合互动的多层次因素，并从项目背景、事业结构、促进效果三个层面进行分析。项目背景的分析包括项目动机、目的、背景，事业结构的分析包括主体的构成与角色、实行阶段、活动内容，促进效果的分析包括功能及影响。二是运用案例研究法，基于分析框架的构成要素框架，在社会功能性、场所性、社交性、可接近性、持续性等维度对韩国、日本文化创意产业与社区艺术融合互动进行比较研究，探讨案例的内在差异以及国外经验对于我国的借鉴意义。三是文化创意产业与社区艺术融合互动的机理分析。结合理论研究以及案例分析，证明文化创意产业与社区艺术之间彼此影响、相互促进，从经济、环境、管理、艺术性四个方面探讨文化创意产业与社区艺术融合互动的机理体现。

通过专家调查问卷，对要素框架的评价清单进行验证，以参与过社区艺术项目和相关研究者为对象，对要素框架进行客观评价，形成调查结果，并确定最终模型。

第四部分主要是结论与展望。基于前文的研究内容总结归纳，并针对文化创意产业与社区融合互动的七个动力要素与存在的问题提出若干对策和建议，为相关部门进行决策提供参考，最后归纳出本书目前存在的不足之处与下一步深入研究的空间。

## 二、研究方法

本书综合运用文献研究法、案例研究法、历史比较法等定性研究方法与问卷调查法等量化研究方法，从个案中归纳总结理论观点，以提升研究结果的科学性和有效性。

### （一）文献研究法

文献研究是学术研究撰写的基础，是对相关研究的观点、方法及理论现实意义的系统梳理、归纳总结。本书首先运用文献分析法，对国内外文化创意产业与社区艺术的相关研究文献进行系统的梳理、归纳与总结，明确文化产业、创意圈、创意产业、场所营造、艺术介入社区等理论内涵，并在此基础上建构理论分析框架。其次，将文献研究法贯穿文化创意产业与社区融合互动分析的全过程，以确保研究过程与结论的科学性与规范性。

### （二）案例研究法

案例研究法是一种常用的定性研究方法，适合对现实中某一复杂和具体的问题进行深入和全面的考察。通过案例研究法，人们可以对某些现象、事物进行描述和探索，有助于建立新的理论，或者对现有理论进行检验、发展或修改。同时，案例研究也是解决现存问题的重要途径之一。案例研究法主要以四个步骤进行：一是选择案例，根据研究对象和问题，确定合适的案例；二是收集数据和资料，系统地收集与案例相关的信息；三是分析和解释，深入研究案例，探讨其背后的原因和规律；四是分析结论，对已经掌握的文件、信息、数据等资料进行彻底全面分析，整理归纳，比较各个影响因素之间的关系，在资料与分析的基础上加以解释，得出结论。因此，运用案例研究法，能够确保对当前我国文化创意产业与社区融合互动研究的深入性。本书对韩国、日本的文化创意产业与社区融合互动典型案例进行对比分析，归纳当前我国文化创意产业与社区融合互动的具体动力要素。

### （三）历史比较法

历史比较法可以用来比较不同地区、不同时间的文化创意产业与社区融合互动的情况。通过比较，可以发现不同地区、不同时间的文化创意产业与社区融合互动的差异和相似之处，从而可以帮助我们更好地了解文化创意产业与社区融合互动的历史演变和发展趋势，为我们制定更加科学合理的政策和措施提供参考。

### （四）问卷调查法

问卷调查法是一种数据收集方法，通过设计一系列问题来获取受访者的信息和意见。这种方法可以是纸质的，也可以是电子的，如在线问卷。本书采用调查问卷的方法以有过社区艺术项目相关从业与研究经验的设计师、公务员、教授及研究者等为对象，对要素框架进行客观程序验证，来确保评价指标的有效性。

# 第三节 用语定义

## 一、文化创意产业

在经济全球化背景下，文化创意产业作为一门以创造力为核心的新兴学科，具有跨学科的学科基础以及立足文化创意产业相关理论与实践的特性，以文化、创意产业的力量带动经济发展。

## 二、社区

德国社会学家斐迪南·滕尼斯（Ferdinand Tönnies）将人类生活单元划分为社会和社区两种类型：社会是为达到某种目的而建立的，是建立在占有物的合理交易和交换的基础上的关系；社区是基于情感联系、共同意识和内心倾向性的关系，自发形成的生活共同体。

## 三、社区艺术

社区艺术是一种基于社区环境的艺术活动，可以使用任意媒介开展活动。艺术作为一种柔性介入介质，能增加社区活力，并以与相关社区的互动与对话为特征。艺术家、公民或其他参与者的共同合作可以解决社区问题，促进社区文化建设。

## 四、创意阶层

理查德·弗罗里达（Richard Florida）首次提出创意阶层，创意阶层是创意场域发展的核心，其成员从事创意工作，充分发挥个人创造性。创意阶层通过提升生活质量与生活方式愉悦度来吸引人群，对吸引新兴经济产业投资及刺激本地经济消费具有重要作用。

## 五、创意环境

创意阶层需要开放、高聚集和专业化的创意环境，创意阶层个体相互联系是文化创意产业发展的重要社会基础。城市休闲娱乐和展示设施为创意阶层提供了互动的物质环境。

## 六、创意场

斯科特在创意阶层、创意环境的基础上探索培育创意的系统性组织需求，并称之为“创意场”。创意场是产业综合体制内，提升创新与创意效率的结构系统，也是一种促进和引导个人进行创造性表达的社会运营系统。它既反映为不同决策和行为单位之间的互动交流，也反映为基础设施和社会间接资本（如学校、研究机构、设计中心等）的服务能力，是社会、文化、艺术、环境、制度在生产和工作的集聚结构中的表达。

# 第二章　文化创意产业相关概念阐释

至今为止，国内外学界对于社区艺术与文化创意产业的相关问题已形成了较为丰富的研究成果，为本书的开展奠定了坚实的理论基础。本章首先对文化、文化创意产业等基础性概念进行明确阐释；在此基础上，分析文化产业、文化创意、创意产业与文化创意产业等相关概念及衍生概念，为本书的研究奠定基础。

## 第一节　文化

文化在一般意义上是指物质产品和精神产品的总和，在狭义上专指人类的语言、文学、艺术、道德、宗教等精神成果。对文化的界定有许多种角度，学术上并没有公认的完全准确的概念。本书认为，文化是一种对特定群体持续发挥的内在影响力。文化塑造了整个群体，也塑造了群体中的所有精神财富。我们看到的特定区域的建筑、风土人情都有其独特文化的影子，甚至我们的言行举止也体现着文化的影响。

文化有着深刻的教化作用，这种教化作用规范了群体中个体的一言一行，使个体违反纲常的行为受到群体的指责。个体要在群体中生存就要遵守群体中大多数人或者约定俗成的习惯，否则就会受到群体的排斥，即使这种排斥的力量是无形的。

此外，文化也是丰富多彩的，在很大程度上人生的意义就是体验这种文化的多样性，这种多样性或差异性给文化的交流带来了无限可能。不同群体的文化交流带来了智慧的火花。新的内涵、新的元素是文化创意的基础，在此基础上，文化创意是永不枯竭的。

## 第二节 文化创意产业

文化创意产业的定义因国家、地区、学者等不同而有所差异。我国自引入“文化创意产业”这个专有名词以来，理论界仍存在混用“文化工业”“文化产业”及“创意产业”等专有名词的现象。我国把文化创意产业定义为“源自创意或文化积累，透过智慧财产之形成及运用，具有创造财富与就业机会之潜力，并促进全民美学素养，使国民生活环境提升的产业”。英国文化创意产业的定义包括广播、电影、音乐、出版、艺术和文化遗产等。而美国则将文化创意产业定义为“以创造性和知识为基础，通过创新和知识产权的运用，生产和分发具有文化、艺术和娱乐价值的产品和服务的行业”。我国文化创意产业起步较晚，总体上处于发展的初级阶段，需要在法律保护、行业商业运作模式、人才培养等方面不断探索和完善。国外文化创意产业的发展较为成熟，其发展经验值得我们借鉴。

文化产业是指以文化为内容，以经济为目的，通过工业化或半工业化的方式生产和传播文化产品和服务的产业。文化产业侧重于文化的产业化，特别是传统文化和产品的开发。创意产业是指以创造力为核心，以知识为基础，以知识产权为保障，通过创新和创造提供具有社会效益和经济价值的产品和服务的产业。创意产业强调创意对产业附加值的提升。文化创意产业是指在文化产业和创意产业的基础上，将文化元素和创意思维融合，形成具有独特风格和特色的产品和服务，强调产业的“文化性”和“创意性”。

世界各国对于创意产业的内涵与范畴的界定各有差异，在美国称为版权产业，包括影视、音像、软件、图书及电子出版物等，其出口额已超过航天、航空、汽车等产业，居于首位。若再加上其他各类文化产业，其增加值已达上万亿美元，据说约占美国GDP 的18%—25%。英国自1997 年确定发展创意产业后，2000 年的创意产业增加值已达500 亿英镑。2002 年更是升至809 亿英镑，成为仅次于金融业的第二大产业。2000 年日本影视、音像生产居世界第一，电子游戏软件生产居世界第二。2002 年韩国文化产业的市场规模达157 亿美元，游戏软件、动漫及影视产品等大量出口，形成一股韩流。我国于1991 年首次出现文化产业的概念。“创意产业”和“文化创意产业”更多在普通大众、产业领域和经济较为发达的地区使用。许多地区在不同场合，因应不同需求混用“文化产业”“创意产业”与“文化创意产业”。2002 年，我国台湾地区提出“文化创意产业”概念。2004 年，上海市政府在政府工作报告和相关政策中开始使用“创意产业”，随之各地开始使用。2012 年《国家“十二五”时期文化改革发展规划纲要》中，把“文化创意产业”作为“文化产业”的子概念。2017 年 1 月，数字创意产业首次被列为国家战略性新兴八大产业之一，体现在《战略性新兴产业重点产品和服务指导目录（2016 版）》中。2021 年，文化和旅游部等部门印发《关于进一步推动文化文物单位文化创意产品开发的若干措施》旨在推动文化文物单位文化创意产品开发，促进中华优秀传统文化的创造性转化和创新性发展。部分国家和国际机构对文化创意产业概念的界定和类别划分见表 2-1。

**表 2-1 部分国家和国际机构对文化创意产业概念的界定和类别划分**

| 国家 / 国际机构 | 产业名称 | 定义或归类标准 | 类别 |
|---|---|---|---|
| 英国 | 创意产业 | 是指从个人的创造力、技能和天分中获取发展动力的企业，以及那些通过对知识产权的开发可创造潜在财富和就业机会的活动 | 广告、建筑、艺术、古董市场、工艺、设计、流行设计与时尚、电影与录像带、休闲软件游戏、音乐、表演艺术、出版、软件与计算机服务业、电视与广播 |
| 澳大利亚 | 创意产业 | 主要是指以“创意个人”这个劳动力输入为特征的产业 | 影片前后制作、广播服务、音像出版、书籍与报刊出版、游戏出版、付费电视、在线广播、新媒体通讯在线服务、电子商务、广告、建筑与设计服务、健康与教育、视觉艺术、表演艺术 |
| 联合国教科文组织 | 文化产业 | 指按照工业标准，生产、再生产、储存以及分配文化产品和服务的一系列活动 | 印刷、出版与多媒体、视听、录音与录影制作以及工艺与设计。有些国家还包括建筑、视觉与表演艺术、运动、音乐器材制作、广告和文化旅游 |
| 美国 | 版权产业 | 指创意内容在产业产出的文化和经济价值中居于中心地位的产业部门，包括创意过程中各阶段（产品理念的产生、产品产出及产品的最初展示）涉及的企业与个人 | 广告、电影和电视、广播、出版、建筑、设计、音乐、视觉艺术、表演艺术 |

续表

| 国家 / 国际机构 | 产业名称 | 定义或归类标准 | 类别 |
|---|---|---|---|
| 中国 | 文化产业 | 指从事文化产品生产和提供文化服务的经营性行业 | 新闻出版发行服务、广播电视电影服务、文化艺术服务、文化信息传输服务、文化创意和设计服务、文化休闲娱乐服务、工艺美术品的生产、文化产品生产的辅助生产、文化用品的生产、文化专用设备的生产① |

我国部分地区对文化创意产业概念的界定和类别划分见表 2–2。

**表 2–2　我国部分地区对文化创意产业概念的界定和类别划分**

| 地区 | 产业名称 | 定义或归类标准 | 类 别 |
|---|---|---|---|
| 北京 | 文化创意产业 | 是指以创作、创造、创新为根本手段，以文化内容和创意成果为核心价值，以知识产权实现或消费为交易特征，为社会公众提供文化体验的具有内在联系的产业集群 | 文化艺术、新闻出版、广播、电视、电影、软件、网络及计算机服务、广告会展服务、艺术品交易、设计服务、旅游休闲娱乐服务以及其他辅助服务 |
| 上海 | 创意产业 | 指以创新思想、技巧和先进技术等知识和智力密集型要素为核心，通过一系列创造活动，引起生产和消费环节的价值增值，为社会创造财富和提供广泛就业机会的产业 | 研发设计创意、建筑设计创意、文化艺术创意、时尚消费创意、咨询策划创意 |
| 广东 | 文化创意产业 | 指由“文化、创意、科技”三者深度结合形成的产业集群 | 文艺创作、表演、绘画、雕塑、艺术品和古董市场、造型艺术、传媒、唱片、电影、广播、电视、出版、广告、展览、咨询、设计和信息软件业 |
| 福建 | 创意产业 | 指投入智力资源，产出知识产权，智能化、知识化的高附加值产业。在产业价值链中占据高端，对其他产业具有很强的渗透力和辐射力 | 制造业设计创意、文化传媒创意、文化艺术创作、文化传统与文物保护、数字服务文化创意、建筑文化创意、咨询策划创意和休闲消费创意 |
| 香港 | 文化创意产业 | 指文化艺术创意和商品生产的结合 | 表演艺术、电影电视、出版、艺术品及古董市场、音乐、建筑、广告、数码娱乐、电脑软件开发、动画制作、时装、产品设计 |

① 中华人民共和国国家统计局．文化及相关产业分类：2012［EB/OL］.（2012–07–31）［2013–04–28］. http://www. stats. gov. cn /tjbz/t20120731_402823100.htm.

续表

| 地区 | 产业名称 | 定义或归类标准 | 类 别 |
|---|---|---|---|
| 台湾 | 文化创意产业 | 指源自创意与文化积累，透过智慧财产的形成与运用，具有创造财富与就业机会潜力，并促进整体生活环境提升的行业 | 视觉艺术、音乐及表演艺术、工艺、设计产业、出版、电视与广播、电影、广告、文化展演设施、数字休闲娱乐、设计品牌时尚产业、建筑设计产业和创意生活产业 |

创意产业，包括文化艺术、新闻出版、广播影视、设计服务、休闲旅游、网络服务等，还涉及到相关文化用品、设备等的营销服务。随着经济新业态的出现，文化创意产业还会有具体的变化，但总体上文化创意产业正在与其他相关产业加速融合。创意产业是一种发展模式的创新，是对传统文化产业的升级改造，它创造了新的发展突破口，使各方面的文化资源得以被充分利用。许多具有独特文化的地域都能将自己的文化资源转化为经济优势，区域产业链也能得以升级。文化创意产业的蓬勃发展，符合我国目前经济转型升级的客观需求，并使经济结构不断地优化升级。我国在全社会已经形成了一股合力，在政策、经济、社会、科技共同推动文化创意产业蓬勃发展。近几年，5G 技术、大数据等尖端前沿科技成果也逐渐应用于文化创意产业领域，并促进了消费方式的升级与细化，基于大数据的文化创作正在普及。

文化创意产业的发展模式多种多样，各地的文化内涵不同，相应的发展模式也不同。总体上，文化创意产业园区的形式较多，在各大省会城市，都有多个文化创意产业园区，这种区位优势给文化创意产业的发展提供了诸多便利。在资源上共享，在成本上管控得力，在人才的汇聚上形成合力，这样，各方面的优势就都能得到发挥，创意和创新也就会生根发芽。对于文化创意产业园区的发展模式，主要有政府主导型、企业主导型、政府规划 + 企业运作型、市场主导型等四种，它们的形成主要是根据各地的特点和发展规划要求而制定。

## 第三节　文化产业与文化创意产业

### 一、文化产业

“文化产业”一词首次出现于 1944 年，与德国法兰克福学派学者马克斯·霍克海默（Max Horkheimer）和西奥多·阿道尔诺（Theodor Adorno）合著的《启蒙辩证法》① 一书中的文化产业与文化创意产业，既有重叠，又有区别。文化产业较为广泛，凡通过市场机制，将文化制品、文化服务转化为商品而实现货币化的，皆属文化产业。我国分为 9 大类、24 中类、80 小类。将文化定义为产业分支是为了满足人们的精神需求，经济发展水平的提高提升了人们的生活预期，传统的生活和娱乐方式无法满足人们多样化的需求，人们的价值追求逐渐向娱乐化、消费化转变，人们需要的不仅是物质的满足，更多的是内心的充实与理想的实现。随着社会经济的发展，浅层的、基础性的消费品已无法满足人们的需求，取而代之的是具有创意性、个性化等新特征的文娱产品。文化产业的兴起正是迎合了这样的时代特征。文化产业可以被理解为向消费者提供精神产品或服务的行业，在经济性上，它涉及文化产品的设计、生产、销售、服务等一系列活动。在生产与消费的全流程中，文化产业是动态的，它不断与相关产业融合，不断吸收各行业的最新业态和最新成果。文化产业的发展绝不是死守某一个文化符号，它必须与最新的科技成果相结合，与人民群众最切合实际的文娱需要相结合。当前，文化产业已经成为最具有创新意义、与现代科技结合最紧密的产业。

目前，文化产业呈现爆发式增长。2019 年，规模以上文化及相关产业企业的营收额比上年增长7%，东部地区的文化及相关产业营收额达到63702 亿元，所占比重最高。营收额从东部向西部递减，且东中西部存在较大差距，但是中西部地区的文化产业发展势头更猛，2019 年的营收额比上年增长分别达到8.4%和11.8%。信息时代，文化产业更多依靠的是互联网、多媒体、人工智能等新技术，在线文化服务呈现井喷式增长，各种线上直播带货、线上云旅游、线上观展等形式应有尽有，这是新形势下“文化产业+ 互联网+ 电商”的创新机制。线上运营减少了实体运营的成本，增添了更多的展示方式，并且为中小营业主体提供了更多的营销渠道，而且拉近了生产者与消费者的距离，为消费者提供了更加个性化的选择。未来，互联网新业态必将为文化产业的发展带来革命性的力量，我们生活的方方面面也将随之改变。

而文化创意产业，则指创意同文化商品生产经营的结合。比如书店、电影院及歌厅等，虽属文化产业，他们也向消费者提供文化产品（书）和文化服务（看电影、唱歌），但不属于文化创意产业。唯有图书出版、电影制作、卡拉 OK 光

① 石杰，司志浩. 文化创意产业概论[M]. 北京：海洋出版社，2008.

盘制作等，才属文化创意产业。因此，文化创意产业，是指创造新知识产权的那部分文化产业，在美国称之为版权产业。

## 二、文化创意

文化创意是利用有特色的文化符号，联合相关产业、整合相关资源进行创新的文化现象，文化创意的本质就是文化创新。从目的性上看，文化创意是为了满足人民群众多样化、个性化的文化需求，其核心是“创新”，是人的创造力的发挥。创新在于“创意”，讲究文化符号的原创性和新颖性。创意只有在获得知识产权后，才可能形成产业。这类知识产权，主要包括版权、商标权、设计权、软件专利权等。在文化领域中，人们通过自己的创意，首先取得新的知识产权，并将此开发、运用、营销而创造出财富。这就是文化创意产业的本质。由于文化创意有时会同高科技相结合，又被称为“文化科技创意产业”，其实采用“文化创意产业”就足以概括了。

文化创意的兴起与发达国家的产业转型有关。首先，发达国家在完成两次工业革命之后，由于传统的第二产业经营成本越来越高，资本逐渐向高附加值的服务产业转变，其重工业逐渐转移到发展中国家，发达国家的产业逐渐集中于科技成果的研发与设计，以此牢牢占据了产业链的顶端。其次，文化创意的兴起与后现代主义的兴起也有一定的关系，在20世纪中后期，发达国家战后新生代逐渐成长为消费的主力军，经济的恢复和平稳增长使中产阶级在社会结构中的比重不断增大，这些新生的中产阶级已不满足于传统的文化产品，他们追求的是流行文化，追求的是反传统、时尚个性。除此之外，政府的经济政策也刺激了文化产业的兴起，创意产业得以萌发成长。

## 三、创意产业

创意是一种通过创新思维意识，进一步挖掘和激活资源组合方式，从而提升资源价值的方法，主要指独特的、新颖的、有创造性的想法或概念。创意产业是依靠创意人的智慧、技能和天赋，通过资源组合方式对文化资源进行创造与提升，并通过知识产权的开发和运用，产出具有高附加值的产品，具有经济价值和就业潜力的产业。

经济学家约翰·霍金斯（John Howkins）认为，创意“就是催生某种新事物的能力，它表示一人或多人创意和发明的产生，这种创意和发明必须是个人的、原创性的，具有深远意义的”，同时有四个标准来衡量，即“个人的、独到的、有意义的和有用的”。他在《创意经济》一书中，将创意产业的类别归属在专利、版权、商标和设计四大领域。这一方面从知识产权视角丰富了创意产业的内涵，另一方面在对创意产业进行明确分类方面起到作用。

文化经济学家查理·凯夫斯（Richard Caves）对创意产业的定义是，“创意产业提供我们宽泛地与文化、艺术或仅仅是娱乐的价值相联系的产品和服务。它们包括书刊出版、视觉艺术（绘画与雕刻）、表演艺术（戏剧、歌剧、音乐会、舞蹈）、录音制品、电影电视，甚至时尚、玩具和游戏”。他认为创意产品具有广义文化、艺术及娱乐等方面的价值，同时基于委托代理视角，研究如何推动创意产业的发展及创意产品的生产与消费。创意产业的概念最早源自20世纪90年代初的澳大利亚，并于20世纪90年代末被英国正式提出并推向全球。1998年，“创意产业”这一专有名词首次出现在11月英国媒体文化体育部发表的《创意产业路径文件》。创意产业的定义是源于个人创造性、技能与才干，通过开发和运用知识产权，具有创造财富和增加就业潜力的产业。进入知识经济时代，世界主要发达国家开始将创意产业作为刺激国内经济发展、塑造国际形象的新途径，进而受到了文化经济理论界的追捧。

从各研究领域中不难归结出文化创意产业所具备的三个核心要素，即以创意为产品内容、用符号意义提升产品价值和以知识产权为核心资产。文化创意产业立足于全球化的经济背景，以文化创新为核心，利用各种技术手段、各种资源，系统化、产业化地开发文化符号和知识产权。创意产业的发展具有高度的创新性和附加值，因而尤为重视知识产权的保护，创意产业与其他行业的融合扩大了其传播范围，对新技术的应用也提升了文化创意产业的活力。文化创意产业是文化与商业的融合，在基本的研发定位上，既要有经济内涵又要有文化内涵，二者必须同时兼顾。文化性是文化产业的根脉，没有独特的文化个性就不足以称为文化创意。

## 四、创意环境、创意场

整体而言，人、环境和制度三大要素相互支撑，共同推动文化创意产业与创意场域融合发展。其中有两个重要概念及相关理论引起了学者关注，即创意环境

（creative milliu）、创意场（creative field）。

查尔斯·兰德利（Charles Landry）认为，创意经济是发展经济，甚至发展社区、城市的平台，它的核心涵盖了三大领域，媒体与娱乐业、艺术与文化遗产、创造性的企业与对企业的服务。美国经济学者理查德·弗罗里达（Richard Florida）认为，通过文化创意产业可以持续性地促进地区经济发展，其中需要满足三大基本要素，即技术（technology）、人才（talent）及包容性（tolerance）。

斯科特的“创意场”可分为三个层次，第一层次为经济活动相关部门；第二层次为城市的创意性与文化经济形成环境；第三层次为管理制度。这三个层次中的要素相互配合，形成了城市的创意性表现能力。

根据以上学者的观点，将创意深植于创意场域需要具备的特性整理如下。

### （一）创意人才

创意人才在创意城市的形成中促进了“创造”与“再创造”的良性循环，从而不仅开启了创意的可能性，也激发出了其他潜在价值。创意场域中，虽然创意人才是原动力，但还需要其他成员的紧密配合才能完成。其他成员可能不具有创意能力，但他们能测试、调试、部署，他们可以执行和利用创意人才产生的创意，在不同的情况下，起到催化作用。

### （二）意志力

缺乏指引和合作力是不能成功的。创意场域所需要的人才，不仅拥有发挥创意的能力，还需要具有在变革中追求成功的意志力。意志力包括专注力、注意力、作决策时的决心、耐力及容忍度、进取心与勇气，以及组织、统合与综合的能力。意志力在创意场域的变革中，可以帮助个人产生对场域中项目的责任感。

### （三）领导力

在不同的情况下，需要不同的领导技巧。领导力指对场域与用户需求充分了解，以及具有协调当下状况的创意能力。富有创意场域领导能力的人会预测趋势、重视意见。

### （四）多元与融合

人力多元化意味着文化的多元化，不同的技能与价值观能够影响场域的创造力，促成崭新的创意与机会。利用内生智慧、创意与学习潜能，圈内人与圈外人的知识之间可以得到平衡。

### （五）组织文化

在变革中，鼓励个人学习，不仅可以使组织文化更富有创意，而且还可以创新环境，因此个人能有更多的机会。同时，个人可以通过发起、执行、策划项目来改变组织文化。在更开放的框架下，组织通过建立新的沟通方式，可以创造出更多的可能性。

### （六）地方认同感

地方认同感有着正面的影响，为地域、社区的环境维护与发展提供先决条件。通过发扬饮食文化、传统文化等附加价值，使地域的特色凸显出来，同时还要将传统与现代紧密结合，使该地域焕发出新的生机。

### （七）空间

空间也可称为公共领域的公共空间（public space）。它不仅是一种物质环境，也是一种通过实际互动、纸媒甚至网络等种种传播形式进行交流的活动场所，它覆盖从非正式到正式集会的空间与场所。公共空间领域能够超越家庭、职业、社会关系的较为小型的人际交往圈，因此有助于发展创意。

### （八）创建网络

让人们有形或无形地汇集，并以地域内部传播为中心，如图书馆、城市信息服务的相关部门都包含在其中。

# 第三章　社区艺术相关概念阐释

当前，社区的角色和意义正在经历深刻的变化。设计师在社区中扮演的角色也已从传统的改变者转变为更加注重与居民沟通和协作的观察者和建议者，他们需要深入理解居民的需求和想法，以实现更有效的社区更新。社区本身被视为创新的源头，因其贴近问题、消费端和需求，以及具有丰富的多样性和高宽容度，成为“生活实验室”。此外，社区艺术从社会学与艺术学理论的结合中得到了发展，提出了更具创意的思维与方法，以实现社区管理与社区艺术的进一步发展。这些变化反映了社区从单一的居住功能向更加多元化、互动性强、创新驱动的角色转变，标志着社区在现代社会中的重要性日益增强。

## 第一节　社区概念的变化

随着现代社会和城市化的变化，社区的构成和属性发生了很大改变。1887年，德国古典社会学家斐迪南·滕尼斯（Ferdinand Tönnies）在《社区与社会》一书中首次提及“社区”。至此“社区”概念开始正式进入社会学将人类生活单元划分为社会和社区两种类型：社会是以达到某种目的而建立的，建立在占有物的合理交易和交换的基础上的关系；社区是基于情感联系、共同意识和内心倾向性的关系，自发形成的生活共同体。“社区”从德文的“Gemeinschaft”译为英文“Community”得益于以都市社区研究著称的美国芝加哥大学社会学派的影响和推动，它经历了一个较为曲折的过程。罗伯特·E. 帕克（Robert Ezra Park）认为社区的基本要素可以概括为：“一是按区域组织起来的人口，二是这些人口不同程度地与他们赖以生息的土地有着密切的联系，三是生活在社区中的每个人都处于一种相互依赖的互动关系中。”一定意义上，正是以帕克为首的芝加哥社会学派的研究者们赋予了社区更多的“地域性”含义，才真正形成了现在的社区的文化，即“社区是一个地域性社会”。1940 年，美国人卢密斯将《社区与社会》

翻译为"Fundamental Concepts of Sociology"；1957年，芝加哥大学重版卢密斯又将标题定位"Community and Society"，从此Community成为英语世界中"社区"的常见译法。

在我国，对社区的内涵及本质的理解是一个不断演进的过程。我国社会学界对"社区"这个概念的辨析，最早源于费孝通先生。1930年，芝加哥大学派克教授到费孝通就读的燕京大学社会学系讲学，他提到"Community is not society"，这句话肯定没办法翻译成"社会不是社会"，因此就要讨论"community"的概念。费孝通的理解是：community既要有地缘、空间上的接近，也要有人与人的联系，有直接的互动，也就是"社"——合起来就是"社区"的概念。"社区"作为一个专业术语重新进入学者的视野，并成为普通老百姓耳熟能详的流行生活用语，离不开政府的政策倡导和推动。1987年，民政部首先倡导在城市开展以民政对象为服务主体的社区服务，"社区"概念第一次正式进入政府的官方文件。1996年开始，我国拉开了社区建设的大幕，社区建设在全国蓬勃开展，并成为一股强劲的社会潮流。在这一阶段，中国城市社区建设和探索取得了较为明显的成绩，并涌现出"江汉模式""百步亭模式""沈阳模式"等一系列社区自治典型[①]。2000年，《民政部关于在全国推进城市社区建设的意见》（以下简称《意见》）的出台和实施，标志着我国城市社区建设步入了整体推进、全面拓展的发展阶段。《意见》首次对社区概念作出明确的官方权威阐释："社区是指聚居在一定地域范围内的人们所组成的社会生活共同体。目前城市社区的范围，一般是指经过社区体制改革后作了规模调整的居民委员会辖区。"《意见》对社区的定义是社会学意义上的社区定义，但是关于社区范围的界定则更接近我国社区内涵的本质，即我国城市社区不是自然形成的，而是在行政区划关系上建立起来的，是城市行政区划或城市行政管理的延伸。

随着社会的发展和变革，社区的内涵和本质不断地演进和丰富。社区的建设是对传统城市社会管理模式的制度变革与创新。社区建设主要包括三个方面的内容：其一是完善社区治理结构，加强社区组织建设，凝聚社区内部各方力量，推动社区多元主体共同解决社区问题；其二是建立社区服务体系，提升社区社会服务能力，使社区能够承担企业剥离的社会职能和政府转移出来的服务；其三是推进社区建设与城市规划的有机融合，实现社区与城市的协调发展。

---

① 陈鹏."社区"概念的本土化历程[J].城市观察，2013，(06)：163-169.

从现代社区形态来看，相较于传统社区，地域性和共同体性都比较松散，具有较大的开放性。根据韩国学者金英珠的研究，将传统社区与现代社区的对比情况整理如下（见表 3–1）。

**表 3–1　传统社区与现代社区的特征对比**

| 类别 | 传统社区 | 现代社区 |
| --- | --- | --- |
| 自足性 | 独立型 | 网络型 |
| 执行能力 | 复合 | 部分 |
| 产生形式 | 自然产生 | 人为产生 |
| 警戒性 | 明确 | 不明确 |
| 共同体性 | 强 | 弱 |
| 地域性 | 强 | 弱 |
| 开放性 | 弱 | 强 |
| 公共性 | 弱 | 强 |

如表3–1 所示，在传统社区中，人们的加入不由自己选择，而是因为他们生在、长在这个群体里，而现代社区可以根据自我意志选择。所以传统社区中地理空间是非常重要的，且具有明显的界限。现代社区中，因互联网的发展和自我意志的选择，导致界限逐渐消失。现代社区的地域性减弱，传统社区变成了跨越地理空间平台形态的社区，任何人都可以参与到任何社区中，其开放性随之增强。

随着城市化进程的加快，社区的外延界限越来越不明确，社区的概念和功能也发生了变化。在多样化的社会变迁条件下，社区变成了“共同体”，它的公共价值与生活方式的建构，不仅是营造舒适生活的需要，也是社区建设的核心意义所在。社区作为成员生活的主要场所，是社会生活单元，其重要性愈发显著，社会对社区的关注度也逐渐上升。现代社区并非自然发生而形成的，而是因为某些特定的目的和明确的意图，通过合理的程序有意识形成的集体。对社区的归属感一直被认为是社区成员的权益和责任，但是随着成员对社区的自由选择，对特定共同体的保留与延续逐渐消失。以行政区域为范围的社区早已失去生活共同体的意义，社区很难完全恢复原来的功能。在这样的背景下，居民的价值观发生了变化。由于移动的便利性扩大，而且行政服务完善，现代社区形成了具有个人积极参与意志的社会，这是各独立成员自愿组成的集合。因此，在保留个人参与意志的前提下，更关注于建立和维护社区成员之间的关系。而单一功能的空间难以满足现代社区中成员的相应需求，以文化艺术活动为基础的社区活动的形式随之开始出现。传统社区的概念直接用于现代情况显然并不恰当，应当根据现代环境的变化重新进行解释，并基于这个概念进行社区更新。

## 第二节　社区的角色和活动

社区是一个具有某种互动关系和共同文化维系力的，在一定领域内由相互关联的人群形成的共同体及其活动区域。社区是百姓赖以栖居的家园，需要环境优美、邻里和谐、管理规范。社区的基本要素包括一定数量的人口、一定范围的地域、一定规模的设施、一定特征的文化、一定类型的组织。社区的角色和活动是多样的，以下是社区常见的角色和活动。

社区服务。社区服务是指以社区为基本单元，以各类社区服务设施为依托，以社区全体居民、驻社区单位为对象，以公共服务、志愿服务、便民利民服务为主要内容，以满足社区居民生活需求、提高社区居民生活质量为目标，党委统一领导、政府主导支持、社会多元参与的服务网络及运行机制。社区服务主要包括老年服务、社会保障服务、优抚服务、为残疾人服务、安全防范服务等。

社区治理。社区治理是指在社区内通过各种途径，对社区内的事务进行管理和协调，以达到社区内部和谐、稳定、有序的状态。社区治理主要包括社区居民自治、社区居委会、社区警务、社区矛盾调解、社区安全治理等。

社区文化。社区文化是指社区内的文化活动和文化氛围，包括社区内的文艺活动、文化设施、文化传承等。社区文化主要包括社区文艺活动、社区文化设施、社区文化传承等。

社区建设。社区建设是指在社区内通过各种途径，对社区内的环境、设施、设备等进行建设和改善，以提高社区居民的生活质量。社区建设主要包括社区环境建设、社区设施建设、社区设备建设等。

社区教育。社区教育是指在社区内通过各种途径，对社区居民进行教育和培训，以提高社区居民的文化素质和技能。社区教育主要包括社区文化教育、社区职业教育等。

## 第三节 社区文化活动的开始和社区艺术

社区文化是社区的基石，社区的定位决定了社区的文化，而社区的文化影响着社区角色的行为以及它们所生产和消费的内容，而内容作为文化的载体吸引着认同社区文化的用户进入社区。社区的文化、角色和内容共同形成了社区的底层闭环逻辑。

文化活动可以追溯到人类文明的起源，是人类社会发展的重要组成部分，是人类文明的重要标志。文化活动可以从人类最早的绘画、雕塑、音乐、舞蹈等艺术形式开始。社区文化活动和社区艺术有一定的关系，但也不完全相同。社区文化活动是指在社区内举办的各种具有文化特色和意义的活动，如节庆庆典、民俗展示、文艺演出、文化讲座等，它们旨在丰富社区居民的文化生活，增强社区的文化氛围，传承和弘扬社区的文化传统。社区艺术是指在社区空间中展示或进行的艺术作品或艺术活动，如壁画、装置、雕塑、表演、工作坊等，它们旨在利用艺术的语言和形式来改善和提升社区的空间品质和价值，促进社区居民的参与和创造，反映和尊重社区的历史、文化和身份。

社区文化活动和社区艺术有着密切联系，它们都是社区居民共同参与、创造和享受的文化形式，也是社区建设和发展的重要内容。社区文化活动可以通过音乐、舞蹈、戏剧、绘画、摄影等各种艺术形式，展示社区的特色、历史和风貌，增强社区的凝聚力和归属感，提高社区的文化素养和生活品质。社区艺术则是社区文化活动的重要载体和表达方式，它可以反映社区居民的生活状态、情感需求和价值观，也可以激发社区居民的创造力和参与意识，促进社区内部的沟通和协作，以及社区与外部的交流和互动。社区文化活动和社区艺术相辅相成，相互促进，共同为社区的美好生活作出贡献。社区文化活动和社区艺术的关系可以从以下几个方面来理解。

一是互补。都是社区文化建设的重要组成部分，它们可以相互补充和支持，共同提升社区的文化水平和品位，满足社区居民的多元文化需求和审美需求。

二是互动。都是社区居民的共同参与和创造的过程，它们可以相互激发和影响，共同促进社区居民的文化交流和互动，增强社区居民的文化认同和归属感。

三是对话。都是社区与外部的对话和沟通的方式，它们可以相互展示和传播，共同提升社区的文化影响力和吸引力，增加社区的文化多样性和开放性。

## 第四节　社区艺术相关概念阐释

社区艺术是一种以社区环境为基础的艺术活动或艺术项目。20 世纪 60 年代，社区艺术在美国开始流行。许多社区艺术项目以保留本地历史为目的，因为历史是本地文化内核的唯一体现，而这种文化内核正在被经济的发展逐渐侵蚀和消解。20 世纪 90 年代，我国艺术家、设计师开始进入乡村，对介入式、参与式艺术的创作方法展开讨论与实践。近年来，在城市更新的背景下，艺术项目走进社区已经成为一股潮流。社区艺术的核心更强调“社区”二字，它强调社区民众参与，促进社区的文化交流、社区身份以及归属感的形成。社区艺术的出现，也是为了满足人们对文化的需求，让生活在城市中的人在不知不觉中享受到了文化设施提供的便利以及丰富的文化活动带来的幸福。社区艺术的开始，是为了让艺术走出“象牙塔”，真正扎根到普通民众中。

社区艺术中的社区是一个广义的概念，它可以指一个地理上的区域，也可以指一个共享某种文化、价值或利益的群体。社区艺术的目的是通过艺术活动来促进社区的参与、交流、认同和变革。社区艺术是一个涉及多个领域和实践的广泛概念，它可以简单地定义为以社区环境为基础的艺术活动，它与公共艺术、社会实践艺术、社区参与艺术、社区营造、场所营造等概念有着密切的联系和交叉。

在国内外的学术研究中，目前和社区艺术相关的概念如下（见表 3-2）。

表 3-2　社区艺术相关的概念

| 相关定义 | 内容 |
| --- | --- |
| 公共艺术（Public art） | 一种艺术实践的结果，指的是在公共空间中展示的艺术，旨在与公众产生互动和影响，改善城市环境和社会氛围 |
| 对话艺术（Dialogical art） | 一种强调艺术家与公众之间的互动和交流的艺术形式，旨在促进社会变革和批判性思维 |
| 场所营造（Project for Public Spaces，PPS） | 一种通过创造性的手段来提升公共空间的品质和价值的策略 |

续表

| 相关定义 | 内容 |
| --- | --- |
| 社区营造（Community Construction） | 以社区为单位，通过多方的参与和协作，以改善和提升社区的物质环境、社会环境和文化环境的综合性实践，它强调社区的可持续发展和社会资本的增强 |
| 社区参与（Community-engaged） | 一种艺术实践的方法，强调艺术家与社区成员的合作和共创，尊重社区的文化、价值和需求 |
| 基于社区的艺术（Community-based art） | 一种艺术实践的范畴，指的是在特定的社区环境中创作和展示的艺术，反映社区的身份、历史和现实 |
| 社会参与艺术（Socially engaged art） | 一种艺术实践的倾向，指的是从艺术的封闭世界跳出来，积极地与现实社会进行联结，通过参与、对话的过程，以带来某种变革为目的的艺术家的活动 |
| 社会实践艺术（Social practice art） | 以社会问题为出发点，通过艺术的方式来探索和解决社会问题的艺术实践，它强调艺术家和社会群体之间的合作和互动，以及艺术对社会变革的影响 |
| 社区艺术家（Community artist） | 一种以社区为对象的艺术家角色，他们通常会与社区成员一起创作艺术作品，或者为社区提供艺术教育和培训 |
| 社区艺术组织（Community arts organization） | 一种专门从事社区艺术项目的非营利机构，它们通常会提供艺术资源、场地、资金和指导，以支持社区艺术家和社区成员的艺术实践 |

在以上相关概念中，有几个较为常见、易出现混淆的概念。一是社区艺术与公共艺术，其区别有以下几点：第一，社区艺术是以社区环境为基础的艺术活动或艺术项目，强调社区民众的参与，促进社区的文化交流、社区身份以及归属感的形成；公共艺术是指在公共空间中展示的艺术作品，它可以是雕塑、壁画、装置、表演等，目的是美化环境、提高审美、传达信息或引发思考。第二，社区艺术更注重过程而非结果，它是一种参与式的艺术实践，需要艺术家与社区居民合作，共同创造和体验艺术；公共艺术更注重作品本身，它是一种呈现式的艺术实践，需要艺术家根据公共空间的特点和功能设计和制作艺术作品。第三，社区艺术的受众是特定的社区居民，它是一种自下而上的艺术形式，反映了社区的需求和特色；公共艺术的受众是广泛的公众，它是一种自上而下的艺术形式，反映了

艺术家的观点和创意。二是社区艺术与场所营造，其区别有以下几点：第一，社区艺术是一种艺术形式，它强调社区居民的参与，促进社区的文化交流、社区身份以及归属感的形成；场所营造是一种设计方法，它强调场所的特征、氛围和意义，提升场所的品质、活力和可持续性。第二，社区艺术的目的是通过艺术活动或艺术项目，激发社区居民的主体性，思考自身的生存现状，并作出回应；场所营造的目的是通过对场所的分析、规划和设计，创造适合人们生活、工作和娱乐的空间。三是社区艺术与对话艺术，其区别有以下几点：第一，对话艺术是一种以对话为核心的艺术形式，强调艺术家与观众、观众与观众之间的沟通，促进不同的观点、价值和意义的交换。第二，对话艺术的目标是通过艺术作品或艺术过程，创造一个开放的平台，邀请公众参与讨论，探索社会的问题和可能性。第三，对话艺术的对象是公众，它是一种自上而下的艺术形式，反映了艺术家的观点和创意。

# 第四章　文化创意产业与社区艺术的融合互动

国内外学者对于文化创意产业与社区融合问题的相关研究成果较为丰富，针对本书需要解决的核心问题，选择文化创意产业相关理论和社区艺术相关理论作为本书的理论切入视角。本章将对上述相关理论研究视角的内涵及现实价值进行系统剖析。

## 第一节　文化创意产业理论研究视角综述

通过对国内外相关研究文献进行系统梳理，发现当前国内外学术界对于文化创意产业的研究正处于不断深入的阶段。

### 一、国内外文化创意产业相关研究

查理·凯夫斯（Richard Caves）在著作《创意产业》中为创意产业概括了七个特点：一是创意产品具有需求的不稳定性；二是创意产业的创意者对产品的强关注性；三是创意产品非单一要素产品，创作过程比一般产品复杂；四是创意产品风格、基调、艺术特色具有多样性和差异性；五是创意产品通常是横向区别与纵向区别的混合体，横向区别指不同类别不同特色之间的区别，纵向区别指产品与产品之间在产品水平、等级或质量的区别；六是时间因素对创意产品传播销售有着重要意义；七是创意产品的存续具有持久性与营利的长期性。

安迪·C. 普拉特（Andy C.Pratt）提出文化产业与以文化形式出现的物质生产中所牵扯到的各种活动有联系，它的巨大价值体现为涵盖内容的创意、生产输入、再生产和交易四个链环的整个生产体系。芮佳莉娜·罗马（Raija-Leena Luoma）用一个金字塔模型解释文化产业，认为文化产业建立在艺术、经济、技术这三个支点上，它们都在文化产业中发挥着缺一不可的作用。日本学者日下公人提出文化产业是创造并销售文化符号的活动。

2013年，党的十八届三中全会通过了《中共中央关于全面深化改革若干重大问题的决定》，提出“建立健全现代文化市场体系”。我国文化发展具体表现为四个主要特点：一是中国文化产业发展以规模扩张为主要特点的阶段已基本结束，增长速度在2010—2012年“陡降”后，进入了高于GDP 5%左右的“平台期”，规模型扩张阶段结束。二是2008年全球金融危机刺激了数字和网络技术的大规模商用，推动我国文化产业与数字技术高相关度的部门爆发式增长，实现了令人叹为观止的整体结构跃迁；2010年后，我国文化产业发展速度下降的同时，出现了重大结构变化，转向创新驱动发展模式；2019年8月，国务院发展研究中心发布《数字文化产业发展趋势研究报告》，指出2017年全国数字文化产业增加值达到1.03万亿～1.19万亿元，占2017年文化及相关产业增加值的比重高达34%，可估算数字文化产业对于我国文化产业增加值的贡献率达70%以上。这表明，我国文化产业内与数字技术相关行业已经迅速崛起，技术构成已经发生根本性变化。数字技术在市场化力量的推动下，将文化产业从规模扩张型增长转向了创新驱动型增长。三是2012年国家统计局对我国文化及相关产业分类做了新调整，增加了“文化创意和设计服务”，反映了文化产业与国民经济融合发展的新指标。2018年，文化部和国家旅游局的职责整合，组建文化和旅游部，文化与旅游融合发展成为最受关注的政策主题，标志着从消费性服务功能向生产性和社会性服务功能延伸，融合发展进入新的阶段。四是落实“放管服”改革，转变政府职能，让市场在资源配置中起决定性作用和更好地发挥政府的作用，其基本内涵是围绕处理好政府与市场关系，简政放权、放管结合、优化服务三管齐下推动政府职能转变，从而优化营商环境，激发市场活力和社会创造力，促进经济持续健康发展，尊重人民群众的首创精神，放开市场对资源的配置作用，以科学的包容精神不断试错，摸索出自己的道路。2021年，中国社会科学院中国文化研究中心发布了文化蓝皮书升级册《中国文化发展研究报告（2017—2020）》。闫烁、祁述裕在《文化产业研究现状、特点和趋势》中对2018—2021年中国人民大学复印报刊资料《文化创意产业》转载的228篇论文进行了系统梳理和分析，总结了这四年文化产业研究的主要内容、方法和理论，展示了文化产业研究与实践的联系、内容的精细化、跨学科研究的频繁等特点，并提出了未来文化产业研究应着眼于高质量发展和均衡发展的建议。其中，数字文化产业及新业态研究、区域文化产业及空间布局研究、文化产业政策与管理研究、现代文化产业体系和市场研究，文化产业研究理念与范式等构成了 2018—2021 年文化产业研究的主要内容。北京大学文化产业研究院发布的《中国文化产业发展报告（2021）》内容包括 2021 年文化产业十大关键词、十大特征、趋势预测等三部分，从不同角度分析了 2021 年中国文化产业的发展现状、问题和挑战，以及未来的机遇和方向。

北京大学文化产业研究院发布的《中国文化产业发展报告 2024》的主要内容，总结了文化产业 2023 年的十大特征，如数字化、融合化、平台化、社会化、国际化等，以及 2024 年的十大趋势，如智能化、碳中和、多元化、共享化、本土化等。

文化产业是以创意为核心，以文化为基础，以知识产权为保障，以市场为导向，以高附加值为目标的产业。

## 二、发展文化创意产业的必要性

文化创意产业是指以创意为核心，以知识产权为保障，以文化为内容，以市场为导向，通过创新的产品和服务，满足人们精神和文化需求的产业。发展文化创意产业的必要性主要体现在以下几个方面。

### （一）文化创意产业是提升国家文化软实力和国际影响力的重要途径

随着新时代发展，中国文化创意产业面临着新的使命，特别是在以互联网为依托的产业升级和消费升级的背景下，文化创意产业的研究和实践需要注重产学研的融合，专注探索优质文化产品的生成和推进新型文化业态的可持续发展。近年来，我国文化创意工作者怀着发展新时代文化创意产业的热情，锐意进取，融合创新，借鉴经验，整合资源，通过对文化资源的开发、创造和提升，共同构建反映新时代精神、契合大众心理、弘扬民族优秀文化的文化创意新模式、新机制，使我国文化创意产业发展呈现出良好态势和独特优势。尤其是经济发达地区，紧抓时代机遇，顺应文化创意潮流，以文化为灵魂，以创意为核心，以创新为动力，在当地经济社会发展中逐步注入更多文化元素、创意要素和知识要素，加速做大文化创意产业，不断提升当地整体竞争力和自主创新能力。可见，通过发展文化创意产业来提升我国文化软实力和文化传播力，是未来我们建设文化强国的重要战略选择。

文化创意产业传播中华优秀传统文化，展示我国的历史、文明和风貌，讲好中国故事，增强文化自信和文化自觉，促进中外文化交流和互鉴，提高我国在世界文化格局中的地位。当下我国要提升全球范围内的跨文化创意传播能力，一方面要深入挖掘真实、立体、全面的中国形象，坚守中华文化立场，传承中华文化基因，展现中华审美风范；另一方面要准确把握不同国家、不同民族的文化特点，开展故事化传播、情感化传播与视觉化传播，让国外民众在审美过程中感受中华文化的魅力，加深对中华文化的认识和理解。文化创意产业的发展有助于我们以全球的视角、时代的眼光、创意的手段演绎我国国际形象；有助于我们围绕中华文化的核心价值，用世界语言叙述中国故事，用创意建立起鲜明的中华文化形象识别体系，包括理念识别、行为识别和视觉识别，实现中华文化形象的创新发展，提升中华文化的国际认知度和认同度，增强国际文化交流和合作；有助于提升国家的文化话语权和影响力，塑造国家的良好形象和声誉，推动人类文明的共同发展。

### （二）文化创意产业是推动经济转型升级和创新发展的重要力量

文化创意产业可以提升文化产品和服务的附加值，文化创意产业的产品和服务具有高度的创新性、差异性和个性化，能够满足消费者的多元化和高端化需求，提升产品和服务的品牌价值和市场占有率，增加经济的附加值和竞争力。增加文化消费的比重，拉动内需扩大，促进消费结构优化，培育新的经济增长点和竞争优势，为经济的可持续发展提供动力和支撑。

文化创意产业可以促进文化与科技、金融、旅游等产业的深度融合，形成新的产业链和业态，激发创新活力，提高产业竞争力，可以实施文化产业数字化战略，壮大数字创意、网络视听、数字出版等产业，有序发展文化产权、版权、人才等要素市场；还可以通过跨产业协同合作，如“文化 + 数字 + 旅游”“文化 + 数字 + 会展”等，充分利用各产业的丰富资源，打造文化产业发展新格局。

文化创意产业可以促进经济的结构优化和升级。文化创意产业是一种知识密集型、技术密集型和资本密集型的产业，它可以带动其他产业的发展，形成产业链和价值链。文化创意产业还可以与其他产业实现跨界融合，创造新的业态和模式，拓展经济的发展空间和潜力。

文化创意产业可以增强经济的内生动力和活力。文化创意产业是一种以人为本的产业，它可以激发人们的创造力、创新力和创业力，培育一批有文化底蕴、有创意思维、有创新能力的人才，为经济发展提供源源不断的内生动力和活力。文化创意产业还可以提高人们的文化素养和审美能力，丰富人们的精神文化生活，提升人们的幸福感和满意度，增强社会的凝聚力和向心力。

### （三）文化创意产业是满足人民日益增长的精神文化需求的重要方式

文化创意产业可以丰富人们的精神生活，提升人们的文化素养和审美情趣，增进人们的幸福感和获得感，培养人们的社会责任感和公民意识，促进社会的和谐与进步，实现人的全面发展。

1943 年，美国社会心理学家亚伯拉罕·马斯洛（Abraham Maslow）在《人类动机的理论》（*A Theory of Human Motivation Psychological Review*）中提出需求层次论。在马斯洛看来，人类价值体系中存在两类不同的需求，一类是沿生物谱系上升方向逐渐减弱的本能或冲动，称为低级需求和生理需求。另一类是随生物进化逐渐显现的潜能或需求，被为高级需求。人都潜藏着物种不同层次的需求，但在不同的时期表现出来的各种需求的迫切程度是不同的。随着需求层次的上升，需求的程度相应减弱。高级需求出现之前，必须先满足低级需求。他认为人的需求可以分为5 个层次，从低到高依次是：生理需求、安全需求、归属和爱的需求、尊重需求、自我实现需求。每个层次的需求都有不同的特征和激励措施，而且高层次的需求通常在低层次的需求得到一定程度的满足后才能产生和发展。

从需求层次理论的角度来看，文化创意产业主要涉及人们的高层次需求，如尊重需求和自我实现需求。这些需求是人们在满足了生理需求、安全需求、归属和爱的需求之后，才会产生和发展的。这些需求反映了人们对自我价值、个性表达、创造力、审美和精神追求的渴望。文化创意产业的产品和服务，正是为了满足这些需求而设计和提供的。例如，文学、艺术、音乐、电影、动漫、游戏等，都是人们在追求自我实现和超越时，所需要和享受的文化创意产品。文化创意产业的发展，也为人们提供了更多的选择和可能性，使人们的需求层次更加丰富和多样。首先，文化创意产业要关注人们的需求变化，不断创新和改进，以适应和引领市场的需求。文化创意产业要有敏锐的市场洞察力，了解人们的需求层次、需求结构和需求特征，以及不同地区、不同群体、不同文化的需求差异，从而提供有针对性和差异化的文化创意产品和服务。其次，文化创意产业要注重人们的需求层次的提升，不仅要满足人们的现有需求，还要激发和培养人们的潜在需求和高层次需求。文化创意产业要有强烈的社会责任感，通过文化创意产品和服务，传播正能量，提升人们的道德水平、文化素养和审美能力，促进人们的个性发展和精神成长。最后，文化创意产业要重视人们需求层次的平衡，不要过分强调或忽视某一层次的需求，而要综合考虑人们的多重需求，以实现需求的协调与和谐。文化创意产业要有全面的人本观，通过文化创意产品和服务，满足人们的物质和精神双重需求，促进人们的全面发展，提升人们的幸福感。

### （四）文化创意产业的发展对社会发展有重要影响

文化创意产业可以带动经济增长和就业机会。文化创意产业还可以提高经济的附加值和竞争力，提升产品和服务的品牌价值与市场占有率，增加经济的收入和利润。

文化创意产业可以促进文化传承和创新。文化创意产业是一种以文化为核心，以创意为驱动，以满足人们精神和文化需求为目的，通过创造、生产、传播文化产品和服务而形成的产业。文化创意产业的发展，可以挖掘和整合本土文化资源，推陈出新，将丰富多彩的中华文化资源宝库活化为财富金矿和精神乐园，造福中华民族。文化创意产业的发展，也可以通过树立良好的国际文化形象，将丰厚的中华文化遗产转化为世界人民共享的精神财富，在推进世界文明的进程中发挥应有的作用，贡献应有的力量。

文化创意产业具有教育和社会责任。文化创意产业是一种具有教育功能和社会责任的产业，它可以通过文化创意产品和服务，传播正能量，提升人们的道德水平，增强公民意识和社会责任感，促进人们的个性发展和精神成长。文化创意产业还可以通过文化创意产品和服务，反映社会现实，关注社会问题，引发社会思考，推动社会进步，实现社会公益。文化创意产业还可以通过文化创意产品和服务，展示多元文化，促进文化交流，增进文化理解，缩小文化差距，构建和谐文化。

## 三、文化创意产业与社区的关系

文化创意产业近年来备受关注，各大城市纷纷把文化创意产业作为城市创新的重要环节，激发了来自地方经济发展、城市旅游、娱乐和文化等领域的研究者们去探索文化创意产业对促进城市发展的巨大潜力。很多城市已经开始创新、支持并实行不同的项目与计划来提升城市的文化和创意。例如，纽卡斯尔市是英国一个重要的工业城市，拥有许多工业遗产，如煤矿、造船厂、铁路等。这些工业遗产在历史上对城市的发展和文化有着重要的影响，但也面临着废弃、衰败和破坏的危险。为了保护和利用这些工业遗产，纽卡斯尔市采取了一系列的措施，如规划、修复、改造、再利用等，使这些工业遗产成为城市新的景观和资源。纽卡斯尔市的案例探究了工业遗产保护与改造的变化，以及这种保护是如何与新兴的文化创意产业联系起来，更新和转型当地经济基础的。2004 年，联合国教科文组织发起“全球创意城市网络”（UCCN），致力于促进与将创意视为可持续发展战略因素的城市之间的合作。2023 年，包括我国重庆和潮州在内的全球 55 座城市成为全球创意城市网络新成员，目前全世界共有 350 座城市入选。如何创意性地进行城市的自我开发，找到自身独特的发展潜能和文化资产，让生活更美好，已成为每座文化创意城市共同关注的焦点问题。

查尔斯·兰德利（Charles Landry）认为在城市的创新发展与构建过程中，会面临无数的问题，如传统经济衰退、缺乏集体归属感、生活品质恶化和全球化的威胁与挑战等，这些问题往往需要靠创意的方法和超越传统的思维才能解决[①]。因此，文化创意产业对于城市的创新是不断以创新方式应对城市问题，帮助城市努力改善居民生活品质，提高城市建设质量，以更好地吸引文化商业投资、劳动力聚集、游客及活动举办方等。

经济学家理查德·凯夫斯（Richard Caves）在《创意产业经济学》中对创意产业及其分类进行了界定，但他关注的重点不是创意产业概念所包含的内容，而是分析以往经济学很少涉及文化创意活动的经济特性。社区作为城市的细胞，是理解城市空间结构、城市土地利用、城市交通、城市社会、城市居民生活方式的基本研究单位。而社区的规划、管理与服务是城市研究者的研究成果呈现到实际应用的重要体现，因此城市研究者应重视城市社区研究。以社区为平台，通过文化创意活动与社区的互动能够促进创意产业与社区福利的共同发展。

在我国新型城镇化发展的新形势下，城镇化发展逐渐从注重经济增长转向以居民生活为核心的发展新模式，居民生活质量提升成为社区管理与服务的核心目标。我国经济的健康、可持续发展，需要在根本上实现经济发展方式的转变，即改变主要依靠投资拉动要素驱动模式，改变高消耗、高污染、产能过剩、附加值

① Charles Landry. The Creative City:A Toolkit for Urban Innovations [M]，2000.

低的经济增长方式，主动谋求一种产业结构合理、经济有序发展和社会可持续发展的新经济形态。而创意经济就是这样一种以工业化为基础、以文化创意为引导、以高层次消费需求为依托，通过创新和创意为核心增长要素来带动相关产业发展、促进社会转型的新经济形态。因此，大力支持和推动创意产业的发展，对于我国产业结构的升级和优化、转变经济发展方式、促进经济与居民生活质量的全面协调发展，具有重要的现实意义。

## 第二节 社区艺术理论研究视角综述

### 一、社区艺术相关概念与要素整理

“社区艺术”（Community Arts）这个词中的“社区”（Community）一词源自拉丁语“communis”，它是由“cum”（意为“一起”）和“munus”（意为“责任”）以及“munere”（意为“赋予”）组合而成的名词。在字典中，“Community”的含义包括共同社区、社群、具有共同特点的人或社会。总之，“Community”的意义是具有共同要素人们的组合，是通过与他人建立关系，能够与其他人一起交流，成为一个共同体的概念。因此，“社区艺术”这个词可以解释为从共同体利益出发的艺术，也可以称之为共同体艺术。

另外，在韩国观光文化研究院发布的《社区艺术振兴方案研究》中的“社区艺术”，可翻译为“公共艺术”或“共同体艺术”。它起源于对共同体的理解，涵盖了多种形式的社区活动。社区艺术鼓励公众直接参与艺术创作，因此它是一种可以在任何地方、对任何人产生的艺术活动。它可以从专业艺术家或地区居民的需求中产生，也可以在地区的艺术中心、学校、美术馆等地发展起来。韩国研究员艺术馆长金秀妍将社区艺术称为“地区、居民适合的艺术形式”。郑恩惠认为，社区艺术可以称为“普通人如何创造性地、快乐地生活”。朴信义认为，“社区艺术不是单纯的艺术作品创作，也不是保证明确目标的社会事业，而是表达社区文化的艺术活动和生活”。卢秀贞认为在日常生活中，以艺术为媒介，让任何人都成为社区自发主体的艺术活动，与其只是指社区艺术行为的概念，不如以参与者之间关系的形成和延续为基础，将个人的理解和价值信念等融合在一起，以艺术的形式表现出来，并尝试社区的主动价值变化。金正伊认为，社区艺术的参与者通过在一起进行艺术活动形成了关系，分享生活文化，而社区改变人和社会的作用不仅仅是艺术家的作用，而是大家的作用。任何人都在通过社区艺术改善和改变与自己相关的情况，社区艺术是在动态的互动过程中实现价值的活动。社区参与艺术活动，以创造事件为契机，在社区内持续创造活跃的生活气氛。玄志娟认为，社区艺术与传授知识或反映意识形态有着明显的区别，特别是在特定社区内进行的艺术，它也是共同体一起创造的艺术，通过创造共同的感觉和思维并共享它来创造新的社区艺术，这是社区艺术的重要特性之一。吴智恩认为，社区艺术是指属于社区的居民通过参与艺术创作，表达个人的理解和信念、认同感、生活价值，乃至社区的社会问题，可以说，这是一场能动的艺术运动，可以解决和整合成员的矛盾，促进社区的发展。赵恩英认为，多数群众通过多种休闲方式直接参与艺术创作活动，并通过与艺术家的交流实现双向沟通。所有社区艺术的创意表达都是对个人和集体生活的表达，是形成地区成员认同感的家园，反映了地区的地域性，这再次成为形成地域性的要素。朴汝珍认为，社区艺术是以社区为基本范围，通过其群体拥有的共同理解，与成员进行艺术活动，与社会中发生的由各种利害关系组成的社区一样，拥有广泛的主题和艺术活动领域。他们共同面对这些问题，并希望通过更艺术的发言和方法来改变问题，社区艺术是通过艺术活动追求社区主动价值变化的艺术概念。

日本古贺雅艺认为，社区艺术的特征包括“成为一个涉及公民的项目”和“强调过程”，是从社区内部发出各种文化表达，例如舞蹈、文学和绘画等，并且将参与者的表达反馈到社区内部和外部。具体而言，可以通过社区艺术达到以下效果：第一，丰富社区内部的文化表达；第二，社区向外界开放，并可以通过艺术活动和外界互动；第三，参与艺术活动增强了社区意识；第四，可以从社区内部和外部发现新的方面。主导艺术活动的组织包括地方政府、公司、NPO、地方社区、艺术中心、艺术家社区、教育机构（大学）等。这些艺术活动的目的是使人们能够通过艺术活动享受生活，通过艺术传播该地区的独特魅力获得经济回报，并在地区之间进行交流。另外，以社区艺术为名的团体和活动的数量趋于增加，甚至大学也开始提供相关课程。

对社区艺术概念的整理如表 4–1 所示。

**表 4–1 社区艺术相关概念整理**

<table>
<tr><th>序号</th><th>分类</th><th>定义内容</th><th>要素</th></tr>
<tr><td rowspan="4">1</td><td rowspan="4">词典定义</td><td>具有共同要素的人构成，人们生活的地域性</td><td>场所性</td></tr>
<tr><td>通过持续的社区生活活动与他人建立关系</td><td>持续性</td></tr>
<tr><td>可以一起沟通的社会</td><td rowspan="2">社会性</td></tr>
<tr><td>提高生活质量的方法</td></tr>
<tr><td rowspan="4">2</td><td rowspan="4">韩国文化观光研究院</td><td>从共同体理解出发的艺术</td><td>艺术性</td></tr>
<tr><td>多种类的社区艺术活动</td><td>持续性</td></tr>
<tr><td>任何人任何地点都可能发生的艺术活动</td><td>接近性</td></tr>
<tr><td>大众直接参与艺术创作</td><td>社交性</td></tr>
<tr><td rowspan="2">3</td><td rowspan="2">蒂姆·德雷舍</td><td>由拥有相似心灵的群体集体创造的</td><td>主体性</td></tr>
<tr><td>在共同体中策划和实现的艺术</td><td>艺术性</td></tr>
<tr><td>4</td><td>郑恩惠</td><td>普通人如何有创意、快乐地生活</td><td>接近性</td></tr>
<tr><td rowspan="2">5</td><td rowspan="2">朴三哲</td><td>以社区为基础的美术活动</td><td>艺术性</td></tr>
<tr><td>一场自足的、实践性的社区运动</td><td>持续性</td></tr>
<tr><td rowspan="2">6</td><td rowspan="2">朴信义</td><td>表达社区文化的艺术活动和生产</td><td>艺术性</td></tr>
<tr><td>重视多样的文化和沟通</td><td>社交性</td></tr>
<tr><td rowspan="3">7</td><td rowspan="3">卢秀晶</td><td>参与者之间关系的形成</td><td>社交性</td></tr>
<tr><td>以持续为基础，将个人的理解和价值信念等融合在一起，以艺术的形式表现出来</td><td>艺术性</td></tr>
<tr><td>社区的主动价值转变</td><td>主体性</td></tr>
<tr><td rowspan="4">8</td><td rowspan="4">金正伊</td><td>通过在一起建立关系</td><td rowspan="2">社交性</td></tr>
<tr><td>分享生活与文化</td></tr>
<tr><td>任何人都可以通过社区艺术改善和改变与自己相关的情况</td><td>主体性</td></tr>
<tr><td>持续创造活跃的生活</td><td>持续性</td></tr>
<tr><td rowspan="2">9</td><td rowspan="2">玄志娟</td><td>创造共同的感觉和思维</td><td>主体性</td></tr>
<tr><td>通过共享创造新的社区</td><td>社交性</td></tr>
</table>

续表

| 序号 | 分类 | 定义内容 | 要素 |
|---|---|---|---|
| 10 | 赵恩英 | 大众直接参与艺术创作活动，通过与艺术家的相互交流实现双向沟通 | 社交性 |
| | | 形成地区成员的身份 | 主体性 |
| | | 反映本地作为地区家园的特性 | 场所性 |
| | | 重新形成本地文化 | |
| 11 | 吴智恩 | 通过参与艺术创作，表达个人理解和信念生活的价值 | 主体性 |
| | | 解决社区社会问题成员的矛盾 | 社会性 |
| | | 一场能动的艺术运动，促进社区的发展 | |
| 12 | 朴汝珍 | 区分生活和文化这两个方面的差异 | 场所性 |
| | | 广泛的主题和艺术活动 | 持续性 |
| | | 与社区成员开展艺术活动 | 艺术性 |
| | | 共同面对问题，用艺术性的发言和方法引导问题发生变化 | 社会性 |
| | | 追求社区的主动价值转变 | 主体性 |
| | | 发现个人生活的价值 | |
| | | 由各种利害关系组成 | 社交性 |
| 13 | 古贺雅艺 | 强调与市民相关的项目和过程 | 社交性 |
| | | 社区内部的文化表现 | 艺术性 |
| | | 社区对外开放 | 社会性 |
| | | 市民可以通过艺术活动享受生活 | |
| | | 通过艺术对儿童和残疾人进行教育 | |
| | | 通过广泛宣传地区魅力，可以在经济影响下进行地区间的交流 | |
| | | 提供艺术相关课程 | |

针对社区艺术定义展开文献研究，虽然不同学者对于该术语的理解存在差异，因地区或政策略有不同，但通过艺术活动帮助社区建设和社区居民生活的改善和变化，形成可持续社区的目的是相同的。因此将不同研究学者提出的社区艺术定义整合为七个要素，具体内容见表 4-2。

表 4-2　社区艺术的七个要素

| | |
|---|---|
| 社会功能性 | 可以一起沟通的社会 |
| | 提高生活质量的方法 |
| | 市民可以通过艺术活动享受生活 |
| | 解决社区社会问题成员的矛盾 |
| | 共同面对问题，用艺术性的发言和方法引导问题发生变化 |
| | 社区对外开放 |
| | 一场能动的艺术运动，可以促进社区的发展 |
| | 通过广泛宣传地区魅力，可以在经济影响下进行地区间的交流 |
| | 通过艺术对儿童和残疾人进行教育 |
| | 提供艺术相关课程 |
| 场所性 | 具有共同要素的人们构成，人们生活的地域性 |
| | 反映本地作为地区家园的特性 |
| | 重新形成本地文化 |
| | 区分生活和文化这两个方面的差异 |
| 社交性 | 大众直接参与艺术创作 |
| | 重视多样的文化和沟通 |
| | 由各种利害关系组成 |
| | 大众直接参与艺术创作活动，通过与艺术家的相互交流实现双向沟通 |
| | 强调与市民相关的项目和过程 |
| | 通过共享创造新的社区 |
| | 通过在一起建立关系 |
| | 参与者之间关系的形成 |
| | 分享生活与文化 |
| 接近性 | 任何人任何地点都可能发生的艺术活动 |
| | 普通人如何有创意、快乐地生活 |
| 主体性 | 通过参与艺术创作，表达个人理解和信念生活的价值 |
| | 任何人都可以通过社区艺术改善和改变与自己相关的情况 |
| | 发现个人生活的价值 |
| | 社区的主动价值转变 |
| | 形成地区成员的身份 |
| | 由拥有相似心灵的群体集体创造 |
| | 追求社区的主动价值转变 |
| | 创造共同的感觉和思维 |

续表

| | |
|---|---|
| 持续性 | 通过持续的社区生活活动与他人建立关系 |
| | 一场自足的、实践性的社区运动 |
| | 持续创造活跃的生活 |
| | 多种类的社区艺术活动 |
| | 广泛的主题和艺术活动 |
| 艺术性 | 从共同体理解出发的艺术 |
| | 以持续为基础，将个人的理解和价值信念等融合在一起，以艺术的形式表现出来 |
| | 在共同体中策划和实现的艺术 |
| | 以社区为基础的美术活动 |
| | 表达社区文化的艺术活动和生产 |
| | 与社区成员开展艺术活动 |

根据以上研究，可以看出社区艺术的优先目标是以艺术为媒介，以社区理解为中心的艺术活动实践，也存在着为群众解决各种社会问题，提高群众生活质量的目的。因此，社区艺术作为一种不再局限于个人艺术表现的艺术形式，通过艺术家为大众提供直接参与和相互联系的纽带。

此外，社区艺术的发展要考虑活动的可持续性，通过社区居民对艺术的认识和参与的逐步增加，让社区也随之发生改变。

## 二、社区艺术的组织类型

社区艺术与其说是艺术运动内部使用的术语，不如说是在文化政策的章节中选择使用的术语，因此根据社区艺术的实施主体和效果进行类型划分是有效的。

从社区艺术的三个主体——公共机关、市民和艺术家的角度出发，可以将其设定为三种类型。

第一，“作为振兴地区的社区艺术”（公共机关主导型）。振兴地区的社区艺术是公共机关主导型，从地方自治时代、地区的立场来看是可以接近的类型。特别是农村、老城区、地方小城镇，年轻人口减少，传统经济基础如传统市场不景气，出现了停课、空置、废弃工厂。将地区传统资产通过艺术与高附加值的旅游产业、休闲产业等相结合，从而提高附加值。

第二，“作为市民艺术的社区艺术”（市民主导型）。作为一种可以从市民的立场切入的社区艺术类型，随着文化艺术被纳入公共服务领域，从中央政府或地方政府的角度出发，改善市民的文化艺术环境，进而创造新的产业。

第三，“作为参与艺术的社区艺术”（艺术家主导型）。作为参与艺术的社区艺术是从另一个主体艺术家的角度可以接近的类型。艺术活动重视市民和艺术家积极介入解决各种社会问题，并最终通过生活和艺术的契合，探索新的社区艺术形式。

社区艺术实施主体如表 4–3 所示。

表 4–3　社区艺术实施主体

| 实施主体 | 效果 | 类型 | 内容 |
|---|---|---|---|
| 公共机关 | 为地区振兴的社区艺术 | 公立公营型 | 以公共机关为中心的政策或制度的构成是系统进行和实行的，大部分以大型事业为主 |
| | | 公立民营复合型 | 以公共机构的基本计划为基础，通过他们的支持管理和组织，与居民及艺术家等进行互动 |
| 市民 | 作为艺术的社区艺术 | 民立、公共机关复合型 | 从居民的角度来看，这是一种可接近的社区艺术类型，是在公共服务领域改善居民文化艺术享受环境，居民都可以自发参与和提出的形式 |
| 艺术家 | 作为参与艺术的社区艺术 | 民立民营型 | 以艺术家为中心，通过艺术家的实践行动和艺术家的介入，艺术在社会或社区单位中的关联和融合形式 |

## 三、艺术设计相关研究分析与构成要素

在韩国学术信息网（RISS.kr）上，以“社区艺术”为关键词搜索了 2012—2020 年的研究论文资料，结果显示，相关国内学术论文共有 44 篇。其中，除没有被列入 KCI、与本文无关的主题外，2012 年以后 KCI 中评选出 11 篇关于社区艺术的优秀论文，分析如下（见表 4–4）。

表 4–4　社区艺术先行研究

| 01 | 社区艺术实现可持续的社区再生——以 Magic me 社区艺术项目为中心 | | | |
|---|---|---|---|---|
| 作者 | 龚周鑫 | 年度 | 2012 | 韩国基础造型学会 |
| 关键词 | 社区艺术，城市再生，可持续性 | | | |
| 02 | 为地区创造的社区艺术 | | | |
| 作者 | 民朱时 | 年度 | 2013 | 韩国基础造型学会 |
| 关键词 | 社区艺术，社区，生活艺术，医疗保健，户外 | | | |

续表

| 03 | 社区艺术模式开发的基础研究 | | | |
|---|---|---|---|---|
| 作者 | 金东彦，赵智妍，严国天 | 年度 | 2013 | 韩国数字设计学研究 |
| 关键词 | 社区艺术、艺术项目、模型 | | | |
| 04 | 以舞蹈进化作为社区艺术——概念和多元化的研究 | | | |
| 作者 | 崔京姬 | 年度 | 2013 | 韩国无为教育论文集 |
| 关键词 | 社区艺术，社区舞蹈，多元形态，案例考察 | | | |
| 05 | 基于创作空间的社区艺术支援方案相关案例研究——以首尔市创作空间衿川艺术工厂为例 | | | |
| 作者 | 尹娜英 | 年度 | 2015 | 韩国艺术研究 |
| 关键词 | 创作空间，社区艺术，基于创作空间的社区艺术，艺术的社会影响，艺术的本质 | | | |
| 06 | 根据观众参与方式研究社区艺术的表现特性——以克莱尔·图米的陶瓷装置作品为中心 | | | |
| 作者 | 孟旭才 | 年度 | 2015 | 造型设计研究 |
| 关键词 | 社区艺术，公共艺术，观众参与 | | | |
| 07 | 从设计思维角度分析和开发社区艺术案例的研究 | | | |
| 作者 | 林秀妍 | 年度 | 2016 | 韩国基础造型学会 |
| 关键词 | 社区艺术，设计思维，社区再生 | | | |
| 08 | 以村社为基础的文化艺术教育案例研究——以“当家人，成为村里的艺术人”项目为中心 | | | |
| 作者 | 申贤京，李恩英 | 年度 | 2017 | 文化艺术教育研究 |
| 关键词 | 村社、美术教育、文化艺术教育、管家、转型村 | | | |
| 09 | 社区艺术类型开发战略与网络模型研究 - 以京畿北部地区为例 | | | |
| 作者 | 金东彦 | 年度 | 2017 | 韩国数字设计学研究 |
| 关键词 | 社区艺术、模型 | | | |
| 10 | 市民文化艺术活动的社会意义考察——以首尔市村艺术创作所事业的日常性、共同体性、公共性为中心 | | | |
| 作者 | 徐允京 | 年度 | 2017 | 都市人文学研究 |
| 关键词 | 村庄艺术创作所，日常性，生活艺术共同体，艺术实践，文化公论场 | | | |
| 11 | 婚姻移居女性休闲活动接受过程理论研究——以社区艺术参与经验为中心 | | | |
| 作者 | 朴仁室 | 年度 | 2018 | 文化艺术教育研究 |
| 关键词 | 结婚移居女性，休闲活动，依据理论，社区艺术，参与经验 | | | |

龚周鑫的研究把社区艺术确立为可持续社区的媒介，提出从诊断社区内在问题、社区运营组织和社会运作网络的连接、参与者之间的关系视角三个层面进行

分析。

民朱时的研究从两个方面阐述了社区艺术与社会融合的作用。一是研究了社区艺术的效果，包括社区意识的提高 、社区内的文化表达 、促进社区充满活力、通过艺术促进社区与外界的交流、自我发现等；二是研究了社区艺术的运作，包括资金、积极开展活动、建立网络、培养人才和建立职业生涯、被社区接受的体系等。

金东彦、赵智妍、严国天的研究，将社区艺术从价值性、场所性、主体性三个层面概念化，形成社区艺术模型，谋求解决共同体出现的社会问题和成员之间的矛盾，整合潜在力量，并在美学层面上制订艺术领域的方案。

崔京姬的研究从把握需求、有效的运营方式 、合作网络、 针对弱势群体的支援与企划、项目支援和资金筹备五个方面，提出可持续性社区艺术。

尹娜英的研究从政府的角度，对社区艺术构建长期的支援体系、承认项目成果的多样性、简化行政程序、实施错误的公开以及以此作为运营方案的修改依据五个层面进行分析。

孟旭才的研究分析了社区艺术作为一种表现方式，如何成为提高人们对地域关注的手段。

林秀妍的研究以设计思维过程为基础，从社区居民对社区艺术的理解、把握需求、创造社区终极价值以及了解社区实际状况四个方面，对社区艺术进行了分析。

申贤京、李恩英的研究从社区艺术的本性、发现自我内在的艺术本能和创造性、实现生活的审美解释和生活的艺术化、通过沟通和共鸣恢复和扩张社区文化四个方面进行了分析。

金东彦的研究从文化政策，到社区艺术事业五阶段，再到可持续方法论建立运营模式三个层面，分析了社区艺术的发展战略。

徐允京主要从以下三个角度进行了研究。一是社区艺术以日常生活的实践性为基础，对日常领域进行创造性的变革；二是艺术在与共同体的关系中形成新的主体性；三是个人通过社区艺术所进行的日常文化艺术活动把社会话题引入公共领域，使提高个人的日常生活水平成为社会变革的出发点。

朴仁室（2018）主要对提高心理稳定性和沟通能力、与弱势群体沟通预防多文化社会问题和矛盾、引导成员进行创造性的思考并树立自信、通过教育达到预期效果四个方面进行了研究，分析了社区艺术如何预防和解决存在的各种问题，并促使其价值最大化。

本书对 11 篇优秀论文中提出的社区艺术相关项目及相关学者的研究进行了整理和分类，在七个要素中整理好具体的评价清单。

1. 社会功能性

社区艺术的社会功能性在于社区艺术不能与社会脱离，人们需要艺术是因为艺术可以自由地交流思想和感情，可以实现对社会和自然现象的认识与审美，在各种情况下，艺术能够反映社会现状及社会问题。而且社区艺术以人与艺术发生关系为主要目的，因此社会性形成于地区社会的资源间、居民与居民间，通过艺术为媒介的交流形成连接网，促进各阶层联结，从而提高地区的经济、教育、生活质量，促进社会和谐等。综合先行研究，可以将社区艺术项目中社会性的概念整理如下（见表 4–5）。

**表 4–5　社区艺术项目中社会性的概念**

| 类型 | 出处 | 项目 |
|---|---|---|
| 提高生活质量 | 朴仁室<br>古贺雅艺<br>词典定义 | 通过艺术活动、艺术创作来提高生活质量 |
| 解决社会问题 | 朴仁室<br>吴智恩<br>朴汝珍 | 化解和预防多文化社会矛盾，弱势群体关怀，增加疏远阶层与社会的接触 |
| 教育功能 | 朴仁室<br>古贺雅艺<br>民朱时 | 心理教育，艺术教育，培养人才和就业 |
| 提升地区竞争力 | 古贺雅艺<br>吴智恩<br>民朱时 | 扩散地区影响力，地区经济活性化，构建地区网络 |

2. 场所性

场所性是指所体现出的与其他地区不同的特性。主要体现在地区具有独特的视觉形象和景观，地区的资源与信息得到充分利用，能够发现潜在资源。艺术以基础的场所营造为核心，在同一地区范围内形成相似的人文环境、传统、历史，构建当地的场所记忆系统，以此来表现与其他地区或社区之间的差异性（见表 9）。

表 4–6 构建当地场所记忆系统

| 类型 | 出处 | 项目 |
| --- | --- | --- |
| 自然环境 | 金东彦、赵智妍、严国天 | 生态资源 |
| 人文环境 | 金东彦、赵智妍、严国天<br>朴汝珍<br>徐允京<br>金正伊<br>词典定义 | 历史遗迹，非物质文化遗产，传统风俗，地区文化历史 |
| 资源活用 | 金东彦、赵智妍、严国天 | 地区空间、资源活用与再发现 |

3. 社交性

社交性是个体之间相互往来，进行物质、精神交流的社会活动所表现的特性。关注不同文化群体之间、多种利益关系者之间的关系，通过对话和理解缓和各种不同层次之间的关系，以达到互相尊敬、和谐交往、相互作用的目的，这一因素在一定的程度上影响着事业的发展和地区社会的进步（见表 4–7）。

表 4–7 社交的特性

| 类型 | 出处 | 项目 |
| --- | --- | --- |
| 大众参与 | 韩国文化观光研究院 | 大众直接参与艺术创作 |
| 相互作用 | 朴汝珍<br>朴信义<br>赵恩英 | 多文化、多利益关系者、艺术家与大众之间的相互作用 |
| 重视过程 | 古贺雅艺<br>崔京姬 | 强调过程，与大众交流 |
| 建立关系 | 龚周鑫<br>金正伊<br>卢秀晶 | 参与者间建立关系，提高思想沟通能力 |

4. 接近性

接近性既指实体空间的接近，也指心理层面距离感的接近，原则是不受经济或社会地位的限制，所有人都可以进入的空间。主要表现在公共空间可以自由进入与交流，并没有障碍地接近，可以为居民提供娱乐的机会及文化福利，减少居民与居民、地区、文化艺术之间的距离感。其目的是建立一个跨越文化、阶层、地区间障碍的生活空间，承认相互之间的文化障碍，构建平等的社会关系。这一因素最大限度地体现了公众参与公共生活的可能性，以直观的方式体现了公共生活的可塑性和有效性（见表 4–8）。

表 4–8　接近性原则

| 类型 | 出处 | 项目 |
| --- | --- | --- |
| 公共空间的无限制性 | 徐允京<br>韩国文化观光研究院<br>郑恩惠 | 日常公共空间、地点、活动，任何人都可以自由参与与享受 |
| 连接 | 民朱时 | 使人与人、内部与外部、跨代间建立连接 |

5. 主体性

主体性是持续自身的同一性和不同于他人其他本质的特征。这种主体性一方面能够有助于加强社区居民与他人（邻居、同一社区的成员或同一国家公民以及同一价值取向的社会成员）之间的联系；另一方面，身份认同感也是社区成员自我价值发现与认知恢复的主要来源。也就是说，不仅对个人的自我认知有恢复作用，而且还能促进共同体的形成（见表 4–9）。

表 4–9　主体性特征

| 类型 | 出处 | 项目 |
| --- | --- | --- |
| 个人价值与归属感 | 朴汝珍<br>吴智恩<br>金正伊<br>赵恩英 | 个人价值的发现，社区成员对地区的归属感 |
| 社区集体意识 | 蒂姆·德雷舍<br>卢秀晶<br>玄志娟<br>朴汝珍<br>申贤京、李恩英<br>民朱时 | 地区价值认知，地区文化的恢复，社区自我认同感 |

6. 持续性

持续性是一种保证社区艺术与地区发展能够持续性维持的特征和状态。现在很多项目开发存在的问题是，比起以形成地区和场所的共同体生活建设为基础的长期发展，以开发为中心的政策等利益关系已成为主要目的，这直接导致了地区和社会共同体之间的断裂。持续性是将人与环境、文化艺术、历史等相互协调，以长期和谐共存为目标，从而进一步发展经济。社区艺术是以地区居民的福祉为最终目的的事业，它需要保持地区居民间能够持续的、自足的、相互支援的合作体系，创造共同体事业（见表 4–10）。

表 4–10　持续性特性

| 类型 | 出处 | 项目 |
|---|---|---|
| 运营 | 朴三哲<br>崔京姬<br>尹娜英 | 公开的、有效的、自给自足的运营方式 |
| 支援 | 崔京姬<br>尹娜英 | 行政机关、企业、民间团体对社区的支援（行政、经济） |
| 活动的组织 | 金正伊<br>朴汝珍<br>韩国文化研究院 | 多种类、多主题的、艺术性的社区艺术活动 |
| 建立联系 | 崔京姬<br>词典定义 | 与企业、周边地区团体、学校、公共机关等建立合作的网络 |
| 需求把握 | 崔京姬<br>龚周鑫 | 理解地区居民，把握需求，了解社区现状 |

7. 艺术性

艺术性是指人们反映社会生活和表达思想感情所体现的美好意境。艺术与文化是两个密切相关的概念，通常艺术作为传播文化的工具和手段，因此将当地文化的表达与艺术创作放在一起是最合适的。社区艺术通过艺术创作反映地区的文化特性，是社区范围内对客观社会的反应，以此来表达当地居民对社区艺术的个人理解、所秉持的价值观与欲向外传达的信息。诺姆·乔姆斯基（Noam Chomsky）与史蒂芬·平柯尔（Steven Pinker）提出“每个人都有‘创意的本能’”。通过艺术创作发现自身潜能，激发创造性。日常生活艺术化是指将艺术与社会重新在一种日常行为中组织起来，在公共空间中更广泛地传播（见表 4–11）。

表 4–11　艺术的特性

| 类型 | 出处 | 项目 |
|---|---|---|
| 文化表现 | 朴信义<br>古贺雅艺<br>民朱时 | 表现社区文化的艺术活动和生产 |
| 个人表现 | 卢秀晶<br>申贤京、李恩英 | 表达个人理解、信念、价值，发现自我内在艺术本能与创造性 |
| 审美可能性 | 申贤京、李恩英 | 发现日常审美可能性 |
| 生活艺术化 | 蒂姆·德雷舍<br>朴三哲<br>朴汝珍<br>申贤京、李恩英 | 生活的美感，日常生活的艺术化，融入社区日常生活和公共空间 |

社区艺术是一种文化实践，旨在通过艺术介入社区生活，促进社会参与和文化表达。社区艺术作为一种艺术形式，具有其独特的项目构成要素（见表4-12）。

表4-12　社区艺术项目构成要素

| 要素 | 编号 | 指标 | 内容 |
|---|---|---|---|
| 社会功能性 | A1 | 提高生活质量 | 通过艺术活动、艺术创作来提高生活质量 |
| | A2 | 解决社会问题 | 化解和预防多文化社会矛盾，弱势群体关怀，增加疏远阶层与社会的接触 |
| | A3 | 教育功能 | 心理教育，艺术教育，培养人才和就业 |
| | A4 | 提升地区竞争力 | 扩散地区影响力，地区经济活性化，构建地区网络 |
| 场所性 | B1 | 生态环境 | 生物、环境、生态环境 |
| | B2 | 人文环境 | 历史遗迹，非物质文化遗产，传统风俗，地区文化历史 |
| | B3 | 资源活用 | 地区空间、资源活用与再发现 |
| 社交性 | C1 | 大众参与 | 大众直接参与艺术创作 |
| | C2 | 相互作用 | 多文化、多利益关系者、艺术家与大众之间的相互作用 |
| | C3 | 重视过程 | 强调过程，与大众交流 |
| | C4 | 建立关系 | 参与者间建立关系，提高思想沟通能力 |
| 接近性 | D1 | 公共空间的无限制性 | 日常公共空间、地点、活动，任何人都可以自由参与与享受 |
| | D2 | 连接 | 使人与人的跨代间、社区内部与外部建立连接 |
| 主体性 | E1 | 个人价值与归属感 | 个人价值的发现，社区成员对地区的归属感 |
| | E2 | 社区集体意识 | 地区价值认知，地区文化的恢复，社区自我认同感 |
| 持续性 | F1 | 运营 | 公开的、有效的、自足的运营方式 |
| | F2 | 支援 | 行政机关、企业、民间团体对社区的支援（行政、经济） |
| | F3 | 活动的组织 | 多种类、多主题的、艺术性的社区艺术活动 |
| | F4 | 建立联系 | 与企业、周边地区团体、学校、公共机关等建立互相合作的网络 |
| | F5 | 需求把握 | 理解地区居民，把握需求，了解社区现状 |
| 艺术性 | G1 | 文化表达 | 表现社区文化的艺术活动和生产 |
| | G2 | 个人表现 | 表达个人理解、信念、价值，发现自我内在艺术本能与创造性 |
| | G3 | 审美可能性 | 发现日常审美可能性 |
| | G4 | 生活艺术化 | 生活的美感，日常生活的艺术化，融入社区日常生活和公共空间 |

## 第三节 文化创意产业与社区艺术融合互动的理论意涵

普通大众直接参与创作的艺术可以称为生活的艺术。创意性被认为是一个国家未来发展的主要动力，作为以创意性为根基的创造性产业，如果没有大众参与创作、自然形成的生活艺术（社区艺术）活性化的促进，其发展是很困难的。换句话说就是，生活艺术是创意性产生的根源，而活性化则是推动文化创意产业发展的动力。

文化创意产业强调以创造力为核心，强调文化创意的价值，这与社区艺术项目的出发点一致。社区艺术的成功与否大部分取决于所在地，虽然只是文化创意产业的一部分，但社区艺术项目将有助于改善地区形象、文化资源的整合和社区的建设。柴彦威、何海兵、夏学銮等多位先行研究者的研究中已经阐述了文化创意产业与社区的关系。文化创意产业是创意城市形成和发展的经济核心，创意城市是文化创意产业兴起的空间基础。社区是作为城市重要的子系统，是城市文化和城市形象的微观缩影，社会有机体的基本单位。

综合以上研究，至少有五项强调了社区艺术与文化创意产业的关系。第一，“创意圈”中涵盖的手工艺创意活动、独特的视觉形象与景观、社会网络、当地文化、娱乐机会与文化福祉、教育活动、地区管理制度和集体秩序，与社区艺术项目的社会性、场所性、持续性、接近性、艺术性的基本要素相吻合。第二，“创意环境”中涵盖的多元性和融合、组织文化、地域主体性、网络形成，与社区艺术项目的社交性、接近性、主体性的基本要素相吻合。第三，两者都在关注经济效益的同时，强调了关注社会与社区成员的关系建立和社区的社会问题。第四，两者都强调了持续性的管理概念，认为只有利用合理的制度或运营方式才能实现项目的长期规划。第五，从文化创意产业的现状来看，有越来越多的社区艺术项目参与进来，两个概念相结合可以创造出新的文化创意产业。

文化创意产业中不一定有艺术的参与，但存在以艺术为媒介的表达，在社区艺术活动中，“艺术创作”是必须考虑的项目。“接近性”中的物理层面增加了“虚拟空间”项目，肯定了网络媒介对时间、空间的无限制优势。以创意圈为依据，对经济、环境、管理、艺术性四个层面进行了整理。

本书在下一个章通过案例来解释社区艺术是如何在社区更新及城市发展中发挥作用的。这些案例为我国城市经济可持续增长和社区更新等方面提供了参考与借鉴价值。这些案例研究虽不能为我国城市创意产业转型提供绝对的路线或范本，但它们无疑可以启发那些希望改善我国城市生活质量的城市规划者，为地方政府、规划者和利益相关者提供了不同的思考视角。在下一章将通过案例研究对要素框架中的评价清单做出补充。

# 第五章　案例：文化创意产业导向下社区艺术特征分析

日本为了振兴地方社区经济，从1990年起开始施行以艺术文化活动为主的相关补助政策，如1990年的《地区文化特别推行事业》、1992年的《新文化据点推进事业》、1993年的《地方据点城市文化推进事业》等，都属于以短期项目形式为主的补助计划。其补助对象并不单只是当代艺术领域，而是包括广泛的文化活动，例如整修或扩大文化设施、文化财政活用、艺术节或是传统祭典等地方文化事业等。而1996年至2001年的《文化社区营造计划》，则是针对地方政府进行艺术文化活动的补助计划，2007年的《艺术文化社区营造计划》又继续扩大了补助范围，艺术与经济的捆绑在国家政策上有了越来越明显的体现。

1997年，韩国政府开始积极推动文化产业的发展，甚至提出了“文化立国”口号，将文化创意产业视为促进国家总体经济发展的重要产业。2006年开始，在经历了政府策划主导、艺术家创作的“Art in the city 2006”计划，及采用研讨和使用状况评价来总结经验后，又推出了旨在通过艺术提升自力更生能力和倡导市民参与的“2009 Village Art”项目，2012年又修订出台了《城市及居住环境整顿法》，社区艺术项目逐步成熟推进并进一步得到韩国民众的广泛认可。

## 案例一　日本黄金町

### 一、产业促进背景

黄金町位于日本横滨市老城区，范围是从京急本线铁路“日出町”站到“黄金町”站之间，沿铁路左右分布的两条街道。2004年随着横滨创意城市政策的发布，黄金町被列为其创意城市构想的一部分，被规划为以“艺术与社区共生”为目标的地区。将原有的非法店铺拆除，重点整顿铁道高架下的空间，规划为艺术活动空间，并由横滨市政府出面租借，租期长达十年。政府希望通过对该地区的重新规划，维护地方安全，并试图改善该地区的社会形象及环境。

为了文化艺术改造社区的计划，特意邀请了艺术家山野真悟担任艺术总监。山野擅长将艺术带入日常生活空间以及将艺术融入都市商业空间。2008 年，第一届“黄金町艺术市集”正式举办，主题为“构建未来城市的形象”。自 2008 年起，当地政府与艺术家和社区团体合作，启动了黄金町区域改造项目，旨在通过艺术和文化的力量转变社区形象，提高生活质量。黄金町改造项目的核心理念之一是将艺术融入社区发展中，通过举办各种艺术展览、工作坊、公共艺术项目以及艺术节来促进社区参与和再生。这个项目不仅改善了该地区的公共安全和环境卫生，也吸引了大量游客和艺术家，使之成为了一个充满活力的文化聚集地。

黄金町的成功转型展示了城市再生项目如何通过文化创新来解决社会问题，提升城市品质，同时保留和活化了历史与文化资产，这个项目也成为了全球城市更新和社区再生领域的一个重要研究案例。

## 二、产业构成

黄金町经历了一场深刻的变革，发展为一个充满活力的艺术和创意产业集群。黄金町地区管理中心（NPO）通过联合当地公共机关、大学、警署等各方力量，展开了三种类型的艺术活动。

第一，黄金町艺术市集从 2008 年起，每年秋季都在日本横滨市黄金町地区举办为期 1 ~ 3 个月的艺术活动。活动邀请许多国内外的艺术家在黄金町地区驻村创作。在活动期间，艺术家们通过实地调查（现场参与，研究当地的历史、人文，与居民交流），寻找艺术创作的灵感与素材，创作当年的艺术节作品，同时在黄金町区改造的空间中展示他们的作品。展览场所即街角、路边，当地居民可以随时观赏，作品的题材与表现手法都采用当地居民熟悉的元素。这个活动的目的是探讨当代艺术与社群的新关系。

黄金町艺术市集的活动还包括：（1）艺术小市集，艺术家们会在市集上展示和销售他们的作品；（2）夜间艺术导览，在夜晚，参观者可以在导览的带领下欣赏黄金町的艺术作品和空间；（3）乘船艺术鉴赏，参观者可以乘船在水上欣赏黄金町的艺术作品。

此外，黄金町艺术市集还会与其他艺术活动如“横滨三年展”等一同举办，提供更多的艺术体验。这个活动为艺术家和公众提供了一个交流和互动的平台，使艺术成为了社区生活的一部分。这个活动不仅提升了黄金町的艺术氛围，也为社区带来了活力和创新。

第二，以多种方式邀请艺术家参与交流。通过邀请、申请、交换以及选择本地艺术家四种方式组建艺术家团队。引入各类机构，如建筑事务所、大学和建筑规划机构等，对黄金町进行项目改造，并将改造方案从具体实施到空间形成，与展览一起向市民开放。有步骤地对高架桥下的空间以及黄金町内的房屋进行改造和重新设计，逐步形成多功能的公共艺术空间、展厅、工作室、居住房屋等。

以 2016 年 10 月为例，黄金町举办各个艺术领域的专题讲座，共计 33 场，其中有布艺类、美食、咖啡、手工作坊等较为日常的讲座，也有雕刻、绘画、建筑、摄影等艺术类讲座。商店的专业人员和活跃在当地的艺术家们作为主讲人，为参与者带来了专业的知识。

随着黄金町经济开始稳定发展，黄金町艺术学校成立，提供服装、绘画、陶瓷艺术等短期学习的机会，其课程安排在几天到近半年间，课程设置可自由选择，让更多的市民参与到了艺术的学习中。该学校还开展各种展览和国际交流项目，由各类主体参与实施，并建立了管理机制，成功地打破了生活与艺术之间的界限，连接了城市建设与艺术文化创作，建立了黄金町地区新的场所主体性。

## 三、效果显著

黄金町的改造计划分为两个阶段：第一个阶段是解决地方环境与安全问题。为此成立了环境净化推进协议会，横滨市制定了村庄建设协议指南，联合当地公共机关、大学、警署等各方力量，将曾经的娱乐场所街区改造成了“BankART”艺术家活动点，并设立了当地安全防范工作人员据点。第二阶段是利用空出的店铺，改善该地区形象及社会面貌，最后将当地商家活性化。例如，利用空置房屋，帮助各国艺术家们在这里生活，或改造成居住房屋，或形成多功能艺术创造与交流场所。另外，黄金町艺术学校不仅为当地居民提供了文化艺术教育，也为艺术家们提供了工作岗位。

至此，黄金町不仅恢复了当地的活力和地区功能，也重新为地区塑造了文化艺术形象。随着黄金町游客增多，不仅经济增收，地区安全性提高，而且各行各业之间也保持着良好的沟通与联系。通过鼓励公众参与各种活动，促进了多元化主体之间的紧密联系。

## 四、要素应用情况分析

表 5-1　要素应用情况分析

| 分类 | 要素 | 内容 |
|---|---|---|
| 经济 | 社会性 | ·当地居民通过黄金町的艺术活动（展览，讲座等）和艺术家一起共同生活<br>·专门为青少年和居民设立艺术工作坊，可与艺术家共同参与制作<br>·享有轻松的艺术文化交流环境<br>·设立黄金町艺术学校，为驻留艺术家们提供工作岗位。教师包括作家、艺术家、设计师、大学教授等，为社区和附近居民授课<br>·成立艺术学校，邀请艺术家、设计师、大学教授在多个时间段为社区及附近居民开设课堂教育 |
| | | ·改造项目的第一阶段，主要是改善社区环境和安全问题。当地居民于 2003 年 11 月成立理事会，通过与政府、警察和大学的合作，致力于建立安全的社区<br>·项目进行初期，NPO 邀请艺术家制作夜间作品，使其与建筑物和道路相结合，以此增强社区的犯罪预防意识，并以艺术力量有效谋求社区安全<br>·设立长期租赁和短期租赁住宅，长期以 1 年为合同期限，短期以 3 个月以内为合同期限。公寓的租赁是以艺术家为对象，租金为其他地区的 1/3 左右<br>·2009 年，在 NPO、政府、艺术家和居民的合作下，200 多间空房子成为画廊、展厅、社区基础设施等公共文化空间 |
| 环境 | 场所性 | ·NPO 于 2009 年向横滨市政府的发展部门提出申请，实施了艺术家、当地居民和学校参与的改造项目，并以此将这里改为办公室、画廊、展厅、演出场地和社区基础设施等<br>·2005 年，高架桥下的废置空间被视为社区振兴的重要资源。七位建筑师发挥各自的想象力，设计出了七个不同类型的公共社区空间，包括美术馆、咖啡厅、图书馆、艺术设计室、会议空间、工作室和露天广场 |
| | 社交性 | ·当地艺术家和当地孩子一起建造的秘密基地，基地堆放着作品制作中产生的废料，让孩子们可以自由使用并制作物品<br>·为了营造更舒适、更有活力的交流环境，NPO 每年除了举办“koganecho-bazaar”和“艺术家工作室开放日”外，还定期举办日本地方特色晚宴、民间纪念日活动、装修大赛音乐会和各种专题讲座、发布会、论坛等 |
| | | ·艺术家通过田野调查（实地参与、与当地居民现场交流、调研），甚至通过共同生活的方式，转化成为艺术语言 |
| | | ·艺术工作坊内有来自不同国家的艺术家，多种背景、多重思维的交流方式，使其成为具有国际化的交流平台，更为社区青少年们提供更多的学习机会 |

续表

| 分类 | 要素 | 内容 |
|---|---|---|
| 环境 | 接近性 | ·2017 年， uji design 为艺术市集设计了整体导视系统。为了便于辨识与查找路线，不仅针对集市设置了盖章活动，还对活动地点进行了数字编码 |
| | | ·开设针对社区儿童、居民的艺术工作坊<br>·环境被改善后，形成特色的商圈，吸引居民重新回来，也吸引了来访者，可接近性提高<br>·2020 年，开放“koganecho-bazaar”艺术家与社区特别网站，公示展览和艺术家等详细信息，开设网上商店 |
| | | ·Koganecho 组织有 NPO 事务局，上面有董事会。董事会拥有对案件的实际决定权，15 名左右的董事会成员中有一半以上是居民。另一半是城市规划专家、建筑师、顾问、退休的市政府职员等 |
| | 主体性 | ·越来越多的艺术家长期居住在黄金町，从艺术家变成了居民。更多的艺术作品被留在了社区、商家、居民家中，成为黄金町的一部分<br>·以可接近的艺术文化形式，使当地发生改变，形成了新的文化认同感 |
| | | ·环境改善后，地方安全得到维护，居民们纷纷搬回黄金町居住。积极参与到黄金町艺术市集中，在市集上售卖当地特色美食，与访问者分享与交流 |
| 管理 | 持续性 | ·租金低廉<br>·通过创建各种场所、项目和活动，艺术家可以持续活动，提供展示艺术相关课程或展示自己作品的机会<br>·黄金町每年举办的义卖、展览、艺术家讲座、交流等活动基本上由 NPO 免费支持，目的在于为居民和访客提供开放的艺术文化交流平台 |
| | | ·每年定期举行“koganecho-bazaar”和“艺术家工作室开放日”等有代表性的活动 |
| | | ·建立了一整套适合艺术家的管理方式。生活方面，为艺术家们提供适当住房，并配置生活用品；作品创作方面，艺术家可寻求创作计划的支持，黄金町会根据具体情况给予一定的资助并协助实施<br>·随着黄金町艺术文化的扩大和知名度的提高，外来游客开始涌入，艺术家和当地居民形成了自己的经营模式 |
| 艺术 | 艺术性 | ·入住艺术家创作的作品大部分素材来自当地，通过现场调查（现场参与或与当地居民的现场交流和调查研究等），将其以艺术的形式表现出来，并制作出了具有地区特色的艺术作品 |
| | | ·通过对黄金町高架桥下空间和黄金町内房屋的修复、维修和改造，将废弃房屋改造成多功能办公室、公共艺术空间、展厅、艺术家工作室、艺术家住宅等。<br>·市场内会有艺术家演出，艺术活动的举办场所就在居民生活范围内<br>·艺术成为社区日常，很多生活场景出现艺术作品，集市上艺术家与当地居民一起交流。这种开放的模式，把城市发展中的盲点区域，通过更有创造性的开发同时又尊重人性化的方式完成 |

# 案例二　日本 BankART 1929

## 一、产业促进背景

BankART 1929 是一个位于日本横滨市的文化艺术项目，始于 2004 年。这个项目的名称源自其主要场所之一——银行大楼的改造，该大楼建于 1929 年，因此得名“BankART 1929”。该项目致力于促进艺术和文化活动发展，特别是在横滨市内，通过利用废弃或未充分利用的历史建筑作为艺术展览和表演空间。

横滨市地处日本著名的京滨工业区中心，拥有着日本最大的海港港口。但是进入 20 世纪 90 年代，日本经济泡沫破灭以及随之而来的亚洲金融危机，横滨市旧市中心经济出现迅速衰退，很多大企业逐渐转移到东京，导致横滨就业人口急剧减少以及办公楼大量闲置，而猛增的居住人口对住宅楼的需求越来越高。为吸引开发商，市区土地被变卖给民间投资者，历史建筑物相继遭到毁坏，导致市中心几乎变成了住宅街区。与此同时，财政收入不景气的横滨市政府也面临着如何维持已收购的历史建筑的难题。因此，如何恢复旧市中心活力和城市功能，继续保存代表横滨市传统和身份的历史建筑成为横滨发展的当务之急。

为了解决上述问题，2002 年 11 月，横滨市设立了“文化艺术和旅游振兴引发的市中心活性化审查委员会”，并从 2003 年开始正式进行了市中心再生的审查。2004 年 1 月，横滨市政府进行了“关于形成创意城市横滨（Creative City Yokohama）的建议”，并于 2006 年设立并开始实施创意城市计划。为突出强调文化艺术和创意的重要性，开始积极地整顿横滨市内的文化设施，在港口的一些区域建立了新的活动中心作为创意核心区。该区域利用众多历史建筑，如横滨银行以及富士银行横滨支店的旧建筑发展 BankART 1929 项目。BankART 1929 不仅仅是一个艺术展览场所，它还积极参与城市规划和社区发展，通过艺术创造公共空间，促进了横滨市内不同区域之间的连接和交流。该项目的成功，证明了文化艺术项目在城市更新和社区再生中的重要作用，也为其他城市提供了参考和灵感。

## 二、产业构成

“BankART 1929”这个名称是一个合成词，意为将文化艺术融入旧第一银行和旧富士银行两座建筑。这两座建筑都建于 1929 年，也是纽约现代美术馆（MOMA）的成立年份。在艺术方面，这是一个值得纪念的年份，因此被命名为"BankART 1929"。Bankart ART 1929 由 Space、1929 Hall、书店、PUB&Cafe 等组成，作品展示、戏剧舞蹈音乐演出及酒吧运营、Bankart School 等多种类型的事业和创作活动正在进行。

BankART 1929 是作为政策的一部分而进行的试运营空间，但不是新建，而是利用地区内的资源，是多功能替代空间。这不是特定类型的空间，而是多功能的替代空间，在事业计划上同时存在计划性和即兴性。这说明其不是只为艺术家准备的空间，而是一个开放的空间。管理主体为民间团体 BankART 1929，不是根据年度计划实施，而是计划性和即兴性共存，灵活运营。随着全年无休的运营，以市民的休息空间而不是艺术独有的空间为目的，又被认为是平台、教育的空间、生活的空间。

表 5-2 BankART 1929 项目

| 项目 | 内容 |
|---|---|
| Bnankart school | ·课程时间：周一、周六（2 个月 8 次课以上）<br>·人员数：20 名 |
| Artist in Studio | ·Open Studio<br>·海外交流艺术驻地项目<br>·地区共同网络及地区大学合作项目 |
| 自行策划 | ·"BankART 活动"：料理、服装、摄影、话剧等 |
| Co-ordinating 事业 | ·空间租赁事业<br>·协同项目 |
| Networks | ·BankART 自主网络作业开发 |
| Space | ·管理机构 |
| Pub&Cafe | ·用做活动的空间<br>·各种活动后的网络场合 |
| Shop&Contents | ·美术、各领域相关资料、目录等制作<br>·BankART 1929 刊物 |

## 三、促进效果

从2004年4月开始，到2010年共有199场讲座，有570名讲师，2930多名不同年龄段的普通市民参加。“BankART 1929”项目开展两年后，不仅吸引了大量的来客，在经济上也取得了一定的效益，并超出了最初的预想。据2005年的评价报告统计，2005年度该项目的收入合计约1亿3400万日元，除去横滨市政府提供的资金以外，项目自身收入合计约5540万日元，占全部收入约41%。对于盈利周期长的艺术事业来说，这个收益比率是相对可观的。“BankART 1929”项目实施后，取得了比较好的口碑，两年的实验运营期满后，横滨市政府又与NPO法人“BankART 1929”签订了三年的延长期。

“BankART 1929”项目在尊重横滨的历史和文化的基础上，利用已有的历史建筑资源，以文化艺术为牵引力，调动市民的力量，通过吸引艺术家入驻来带动文化艺术和城市建设的模式取得了成功。第一，它通过积极地与私人艺术公司和艺术机构合作，支援艺术家长期居住本地，并通过文化艺术活动带动了创意带的形成，艺术家的聚集也带来了产业的经济效果，并加强了创意文化活动，摆脱了依赖制造业的局面。第二，作为培养人才的一环，艺术系大学毕业展览等活动，与艺术现场结合，建立了连接城市、人与艺术的网络，不仅让更多人才参与文化艺术活动，同时也成了培养年轻艺术人才的基地。第三，当地居民可以通过参与文化艺术活动，恢复对自我发现与自我价值及社区意识认知。这并不仅是通过短期的特定技能培训教育项目实现的，还包括居民之间的交流、与入驻的作家之间的沟通以及具有组织系统的教育计划。第四，为了促进非特定人群的涌入，提供包含多种对应相关需求的项目，如多样的购买市场（画廊、咖啡馆、饭店、艺术商店等），还有可供体验与参与的作品制作工作坊、儿童游戏的项目等。

## 四、要素应用情况分析

表 5-3 要素应用情况分析

| 分类 | 要素 | 内容 |
|---|---|---|
| 经济 | 社会功能性 | · 作为支持市民团体之间关系的合作项目，每年直接参与 1000 个合作提案，并提供反馈，使 1/3 的合作提案项目得以实现 |
| | | · 提供终身教育，并提供接近公认教育机构水平的教育<br>· 举行国际活动或学术研讨会等，作为地区和大学的合作项目，持续举行周边大学艺术相关学科的毕业展和作品发布会 |
| | | · 每年运营费的 10% 由市政府支援，工作室、学校、出版、咖啡厅、书店、内容制作等每年收入约 9 亿韩元<br>· 每年与韩国、中国等世界 40 多个国家举办的多种交流活动是经济收入来源之一<br>· 开放工作室兼具海外交流、艺术家与当地居民联通的功能<br>· 对周边地区产生巨大影响，并在其带动下形成了各种新的创意地区 |
| 环境 | 场所性 | · 保留 1929 年建立的第一家银行和富士银行建筑使用的建筑外观，只对内部进行改造，两栋建筑通过“银行艺术 1929”项目于 2004 年 3 月作为文化艺术空间重新诞生 |
| | | · 在城市的 150 多个近代建筑进行再生的计划下，确保了第二、第三个“创意空间”。保存地域历史痕迹，发挥地域文化创造的桥梁作用 |
| | 社交性 | · 每年举办多个地区内的大学毕业展示会，为横滨市的艺术团体提供空间，与地区艺术建立强大的网络联结<br>· 每组开课的学员在 20 人左右，主要设立美术、游戏、摄影、音乐、舞蹈、艺术批评、研讨会、建筑学、媒体等课程<br>· 组织创意研讨会，市民亲自参与，与艺术家一起交流，如聚焦环境的体验项目等。2010 年 3 月，为迎接开放 150 周年，就成功举办了由市民和专家参与的创造城市事业本部的村庄建设研讨会 |
| | | · 学员之间以及学员和讲师之间的亲密交流，如听课结束后，学员之间就会进行各种交流活动<br>· Bankart School 通过各种形式与社会团体和相关大学进行交流<br>· 通过运营艺术家注册项目（向海外作家的交换注册项目）、作家派对、艺术家访谈和开放工作室等，提供展示自己的机会 |
| | | · 鼓励当地居民与艺术家交流，联合演出，参与创作 |

续表

| 分类 | 要素 | 内容 |
| --- | --- | --- |
| 环境 | 接近性 | ·市民通过酒吧或咖啡厅等空间接触艺术<br>·通过商店、咖啡厅和小规模展览馆等场所，吸引人们前来参观 |
| | | ·设立儿童和老年人相关项目的专业讲座<br>·BANK ART 1929 与其说是艺术家的空间，不如说是市民的休息空间，如宣传册摆放空间、教育空间、生活空间等 |
| | 主体性 | ·BANK ART 1929 探索的方法不是让文化艺术单纯地作为城市开发的工具发挥作用，而是作为包含历史性、地域性的新型文化艺术的发源地发挥作用 |
| | | ·以社区意识为中心，对历史建筑再利用，以增强居民对场所的关注和归属感，从而加强地区与社区居民、政府与企业之间的关系 |
| 管理 | 持续性 | ·每年举办纪念舞蹈家奥诺加德奥的庆典，运营受奥诺加德奥艺术影响的舞蹈家和艺术家的演出和展览、研讨会等<br>·从 2015 年开始，每年发布三次 BankART News，提供各种活动和展览相关信息<br>·作为与地区大学的合作项目，附近大学艺术相关学科的毕业展示和作品发布会将持续进行<br>·将公共空间私有化，实现效率最大化，包括经济自立、运营各种项目、克服经济困难等<br>·Bankart studio NYK 为合作项目提供信息反馈，并为项目提供协调员 |
| | | ·在构建“公设民养”的系统过程中，成立了推进委员会，每三个月举行一次推进委员会和横滨市、BankART 三方（行政、民间、NPO）的会议，通过对项目的持续关注和支持，实现可持续发展 |
| 艺术 | 艺术性 | ·没有入驻的艺术公司或机构，可以自行运营出版事业，以银行艺术学校讲师或入驻作家等为对象出版书籍及 DVD 等 |
| | | ·自 BankART 1929 成立以来，BankART 1929 马查多（2004）、BankART 1929 YoKohama（2004—2009）、BankART Studio NYK（2005-2018）、BankART 1929 新港区（2012—2014）已经形成，2019 年以后被用作艺术文化区域<br>·将楼层书店、咖啡厅等开放空间与周边商业设施、交通相联系，利用周边空间为居民和艺术界学生、艺术工作者提供临时功能空间，使整个区域成为具有浓厚艺术气息的公共场所 |

## 五、日本黄金町与 BankART 1929 项目比较

日本的 BankART 1929 项目和黄金町项目都是以艺术和文化为驱动力的城市

再生计划，它们通过不同的方式对城市空间进行活化和再利用，促进了文化艺术的发展。尽管两个项目都有共同的目标，即通过艺术促进社区再生，但它们在文化活动的开展类型和取得的成效上各有特色。从策划方式方面来看，BankART 1929 项目和黄金町项目在实施过程中展现了不同的策略和方法，这些差异体现在项目的组织结构、合作伙伴关系、资金来源和目标受众等方面。

总的来说，BankART 1929 项目侧重于利用历史建筑和提供多元化的文化艺术活动，强调文化交流和艺术展示；而黄金町项目更注重社区的参与和改造，通过艺术活动解决社会问题，提升社区形象。两个项目都展示了艺术和文化在城市和社区再生中的重要作用，但各有侧重。BankART 1929 项目在策划方式上倾向于专业化、国际化的艺术展示和活动，注重艺术的全球视角和专业展览。而黄金町项目则更侧重于社区参与和本地化的艺术实践，通过艺术介入解决社区问题，促进社区内部的沟通和发展。这两个项目反映了艺术在城市和社区再生中可以采取的不同策略和路径。以下分别从五个方面对两个案例进行对比。

### （一）文化活动开展类型

BankART 1929 空间利用：主要将废弃的银行和仓库等历史建筑转变为艺术展览和活动场所。活动类型：包括国际艺术展览、现场表演、音乐会、工作坊和讲座等，侧重于提供一个多元化的文化艺术平台。艺术家支持：提供艺术家工作室和展览空间，鼓励艺术家创作和展示。

黄金町项目空间利用：转变为艺术展览和创意工作空间，涉及街道和空置房屋的重新利用。活动类型：除了艺术展览和艺术家驻留项目，还包括社区参与项目如公共艺术装置和社区工作坊，更注重于社区层面的参与和再生。社区再生：通过艺术活动促进社区层面的参与和对话，改善社区形象和环境。

### （二）取得的成效

BankART 1929 文化影响力：成功吸引了国内外艺术家，成为横滨乃至日本重要的文化艺术交流平台。城市形象：通过艺术提升了城市的文化形象，促进了经济发展。空间再利用：对历史建筑的再利用不仅保存了文化遗产，也提供了新的公共空间。

黄金町项目社区改造：成功改变了该区域的负面形象，将其转变为一个充满创造力和活力的艺术社区。居民参与：通过艺术项目提高了居民对社区的认同感和参与度，增强了社区的凝聚力。经济再生：艺术活动的举办吸引了更多的访客和外来投资，促进了当地经济的发展。

### （三）组织结构和合作伙伴

BankART 1929 组织结构：BankART 1929 由一个专门的组织管理，该组织与横滨市政府、私人企业以及其他文化和艺术组织建立了合作关系。合作伙伴：该项目往往与国内外的艺术机构和艺术家合作，组织国际性的艺术活动和展览，侧重于建立广泛的网络和合作。

黄金町项目组织结构：黄金町项目由社区团体、当地艺术家和居民以及横滨市政府共同推进，更强调社区内部的参与和协作。合作伙伴：项目依赖于社区志愿者、当地艺术团体和教育机构的支持，强调本地参与和利益相关者的直接参与。

### （四）策划和实施方式

BankART 1929 策划方式：倾向于策划大型的文化艺术活动和展览，强调艺术的专业性和创新性。实施方式：通过艺术项目和活动的国际化来提升城市形象，吸引外部访客和艺术爱好者。

黄金町项目策划方式：更注重社区层面的小型活动，侧重于促进社区参与和包容性。实施方式：通过艺术介入社区发展问题，如安全、环境改善等，强调艺术与社会问题的结合。

### （五）资金来源和持续性

BankART 1929 资金来源：除了政府资助外，还可以通过门票、艺术品销售、国际合作项目等渠道筹集资金。持续性策略：通过与商业品牌和国际艺术机构的合作，以及举办高影响力的艺术活动来确保项目的持续性发展。

黄金町项目资金来源：主要依赖于政府资助、社区募捐和小额资助项目，强调社区资源的整合和利用。持续性策略：通过增强社区凝聚力和居民参与度来维持项目活力，通过教育和社区活动来实现自我持续发展。

# 案例三 韩国防川市场和金光石街区更新项目

## 一、促进背景

金光石街区和防川市场位于韩国大邱市中心，相互邻近，游客可以轻松地在参观金光石街区的同时，访问防川市场，体验传统市场的独特魅力。这种地理上的接近使得两个地点成为相辅相成的旅游和购物目的地。韩国的防川市场更新项目是一项位于首尔的市场再生和城市更新计划。

作为大邱四大市场之一，防川市场在20世纪60年代因米铺和糕点而闻名，城市中心长期维持着集市。后来，常住人口减少，城市周边人口增加的市中心空洞化现象加剧，再加上附近建设大型百货商店，防川市场逐渐衰退。

2009年初，在大邱美术批评研究会上，雷吉登西（作家常驻创作系统）的概念入驻大邱防川市场后，开始尝试艺术活动。由此，艺术家们以低廉的租金租赁了正在衰落的传统市场的众多空置店铺，通过艺术活动活跃了防川市场。加上对艺术经营有强烈意志的大邱广域市中区厅长的支援，出现了“防川市场艺术项目（另类市场项目）”。为了推进这一事业，他以美术为中心，邀请建筑、西洋画、雕塑、装置、摄影、涂鸦、工艺等多种形式的专业艺术家入驻防川市场。经过努力，大邱广域市中区厅和艺术项目推进主体中的一部分一起于2009年8月被文化体育观光部“门庭若市项目”选定。以此为基础，从2009年11月开始开展“防川市场门庭若市项目”。这个更新项目旨在改善市场的基础设施，提升其作为旅游目的地的吸引力，同时保持其作为社区生活中心的功能。

防川市场所在区域曾面临经济下滑和市场设施老化的问题。为了应对这些挑战并激活该地区的经济，市政府和相关机构启动了市场更新项目。项目的目标不仅是物理设施的更新，还包括提高商户的经营能力、引入新的商业模式、促进文化和艺术活动的融入，以增强市场的公共空间功能。

## 二、产业构成

在韩国建筑师协会大邱分会和大邱广域市的赞助下，防川市场项目分阶段进行。大邱广域市中区厅通过现有市场商人和艺术家的合作，以市场活性化及内容开发、文化环境营造、文化营销三种形式策划了该项目（见表5-4）。

表 5–4　防川市场一期产业构成

| 分类 | 产业名 | 内容 |
|---|---|---|
| 商人与艺术参与 | 商人与艺术家一对一合作 | · 促进商人和艺术家之间的相互导师关系<br>· 商人和艺术家共同制作和销售艺术作品 |
| | 文化市场游行 | · 举办画家培训班、俱乐部歌手大赛、艺术讲座、四行诗大赛等 |
| | 举行宴会 | · 居民参与体验竞赛项目，面向居民提供免费服务，助销农产品、健康食品等 |
| 文化环境营造 | 建立市场接送路 | · 商人、艺术家、当地居民一起改变市场的道路 |
| | 打造文化艺术市场 | · 安装店铺遮阳棚，改善摊位设计 |
| | | · 安装造型物（单独预算） |
| 文化营销 | 门庭若市发行防川杂志 | · 发行市场消息报，对内外宣传防川市场 |
| | 寻找防川土生土长的人 | · 寻找以前和防川市场一起的商人和居民，并将其用作讲故事的素材 |
| | 防川达人大赛 | · 面向顾客、市场商人、艺术家、当地居民，选拔最珍爱和喜爱防川市场的人 |
| | 人山人海的周末夜市运营 | · 打造与其他传统市场不同的另类夜市，打造消费者可以找到的市场 |
| | 文化艺术市场讨论场 | · 安排商人、艺术家、当地居民、事务局之间的工作日程和信息共享场所，以最大限度地提高工作效率 |

## 三、促进效果

通过改善市场基础设施，包括卫生设施、照明、安全措施以及商铺的外观翻新，以提升购物环境和顾客体验。通过举办市集、艺术展览、表演和工作坊等文化活动，吸引更多的访客，并增强市场的文化氛围。鼓励商户采用新的商业模式和技术，如电子支付和在线营销，以提升竞争力。强调社区参与和反馈，确保更新项目能够满足当地居民和商户的需求。

防川市场的更新项目通过一系列综合性的改革和活化措施，成功提升了市场的竞争力和可持续性。该项目不仅改善了市场的物理环境，还促进了经济活力和社区凝聚力。通过融入文化元素，市场已成为集购物、美食和文化体验于一体的综合目的地，吸引了大量的居民和游客。

## 四、要素应用情况分析

表 5–5　要素应用情况分析

| 分类 | 要素 | 内容 |
|---|---|---|
| 经济 | 社会功能性 | ·为居民们提供各种可参与的文化艺术相关活动 |
| | | ·本地商人与入驻的艺术家共同参与项目，让衰退的市场重新活性化商圈，解决了经济与就业问题 |
| | | ·进行市场商人和市民艺术教育项目，包括从商的艺术家在内的商人，作为客座记者参与新闻制作 |
| | | ·为了搞活市场，“周六市场”和“印章之旅”运营着防川市场商人直营的打折市场，通过大排档运营的夜市、艺术家商人的道具及作品销售市场、普通顾客参与的二手物品跳蚤市场、与地区大学相关的拍卖市场等<br>·第二年作为“2011 大邱世界田径锦标赛”马拉松赛道主要地点，宣传该地区，提供大邱别具一格的看点<br>·以大邱广域市中区厅为例，结合附近地区，利用防川市场，形成中区市中心文化旅游网络的一环，目的是利用与大邱近代文化遗址相邻的地理特征，在事业和空间上进行联系，实现“文化艺术网络带化”<br>·防川市场每月 15 日发行包含防川市场各种面貌的消息杂志《防川新闻》<br>·环境改善后，成为观光胜地，吸引年轻游客 |
| 环境 | 场所性 | ·在防川市场内活动的艺术家们把空店铺当作自己的工作空间，和商家一起重新制作招牌，带头改善市场环境 |
| | | ·《防川新闻》记录了防川市场的一天，包括防川商人讲述的市场故事、防川艺术家展示的作品、防川市场博主们展示的市场消息<br>·打造与其他传统市场不同的另类夜市，打造消费者可以找到的市场 |
| 环境 | 社交性 | ·为当地居民创建文化项目<br>·增加可以与居民沟通交流的市场再开发项目的讨论场、项目说明会，让居民参与项目策划<br>·参与艺术商店的项目时，可在笔记本上加盖印章 |
| | | ·以征集商人、组建企划团、研讨会和城市会议、印章旅游等为中心，设计艺术家商人项目<br>·展开公共讨论场。公共讨论场是由符合防川市场追求的文化类型的地区专家、咨询团、地区艺术家、艺术家商人、预备作家、居民、商人等参与的研讨会项目。<br>·安排商人、艺术家、当地居民、事务局之间的工作日程和信息共享场所，以最大限度地提高工作效果 |
| | | ·通过随时召开会议引导反映个人意见的研讨会和城市会议 |

续表

| 分类 | 要素 | 内容 |
|---|---|---|
| 环境 | 接近性 | ·防川市场运营着一个名为防川网，传达防川市场各种消息的网站。为了与顾客更好地接近，防川市场的多数商店还入驻了网站<br>·“嘀嘀咕咕水茶馆”是顾客休息区，也是共同企业，可以提供价格低廉的饮料（无人系统、自助服务，为顾客自由食用准备材料） |
| | | ·《防川新闻》设在区政府及东居民中心信访室和居民经常光顾的设施内 |
| | 主体性 | ·本地商人与入驻艺术家共同创作和贩卖艺术作品，相互帮助以推动地方经济发展与社区意识重建 |
| | | ·通过艺术家的进驻使废弃的市场成为一个文化艺术市场与街区。居民、访问者都可以通过这里交流与共享文化艺术。可以说，这里已经改变了传统市场的功能，并可以创造与传播当地文化与形象 |
| 管理 | 持续性 | ·绘制 110 米区间的壁画，通过建设公园和设置金光石造型物扩大了公共美术工作。2014 年在韩国观光公社的帮助下进行了“壁画翻新工作”。居民们自行成立了“金光石路运营委员会”，他们主导进行了“壁画翻新工作”，齐心协力自行举办了“2014 防川艺术节” |
| | | ·通过良性循环结构，现有的商人因艺术家商人反而会创造相生的契机，希望相互结合，重新构建新型的商会，通过这种方式，可以长期活跃市场<br>·为确保其持续性，从规划阶段到实施阶段，建议赋予现有商会一定的作用，使商会参与义务化、组织化，加强与周边地区团体的联系等<br>·通过公开征集选定的艺术家和企划团运营、计划、管理整个市场的事业项目 |
| 艺术 | 艺术性 | ·通过“防川接力更新项目”，以金光石为主题设计并实践讲故事壁画。有故事的墙是防川的历史故事，讲述壁画工作，与商店更新联系在一起 |
| | | ·艺术空间露天企划展是在市场内的文化艺术空间露天进行企划、公开征集，主要进行城市事业主题展等展示和拍卖的项目<br>·防川市场照片征集活动是在大邱照片双年展期间以防川市场为主题进行征集活动的项目 |

# 案例四　韩国影岛嘣嘣艺术村

## 一、产业促进背景

韩国釜山市影岛区有着丰富的海洋资源，随着开港，釜山成为韩国最大的港口城市，由于大规模的重建与再开发的城市化发展方式严重破坏了城市空间中的历史性与场所性，使人们对于城市记忆空间与共同体的连续性也受到了影响。

在这种情况下，釜山市影岛区大平洞进行了釜山市城市再生事业之一的“艺术上的村庄建设事业”，为此迎来了巨大的变化。釜山市曾以文化体育观光部的“村庄美术项目”为契机，将“甘川文化村”发展成为旅游型文化村，并取得了巨大成功。釜山市为了打造与文化艺术相结合的旅游型村庄，策划了“艺术上的村庄建设事业”项目。

该项目旨在把村庄老旧住宅区的闲置设施，打造成以当地居民、艺术工作者和青年为运营主体的艺术工作者聚集地，从 2015 年项目开始，到 2017 年止，三年内投入了 35 亿韩元，在影岛区嘣嘣艺术村、东莱邑圣托里村、东区安昌村，以文化艺术为主体进行城市再生。

## 二、产业构成

19 世纪末，韩国影岛大平洞（南港洞）成为近代造船产业的发祥地，蕴藏着多种产业遗产和生活文化资源。该地区因刮掉生锈的船表面的锤子声而被称为“嘣嘣村”，是港口城市釜山人生活文化的见证。嘣嘣艺术村项目，是以釜山市影岛区的关口地区大平洞一带丰富的海洋生活文化和近代产业遗产为基础，以港口城市釜山的原型再生为蓝图进行的。特别是以海洋文化为基础，提出了通过文化艺术实现城市再生的新模式，创造了地区固有的品牌。具体项目实施可分为六个核心产业与 19 个具体产业（见表 5–6）。

表 5–6　嘣嘣艺术村项目

| 核心事业 | 事业内容 | 细部促进事业 |
| --- | --- | --- |
| 嘣嘣游览线 | ·将断裂的水路、影岛渡船复原为游船形态，整修综合引导中心和休息区等基础设施，重振港口城市釜山的近现代史，使其成为地区特色旅游产品，是为村社持续作出贡献的项目 | 嘣嘣游览线<br>嘣嘣游客指南中心<br>流动花园 |
| 公共艺术项目 | ·艺术家们利用反映地区特色的声音、光线、色彩等多种媒体和元素进行创造性工作，而不是在城市各个角落装饰性地设置公共艺术作品。通过扩充城市再生所必需的绿地及庭院，包括路灯、长椅和休息区在内的居民便利设施等，营造独特的村庄景观 | 组成象征物<br>艺术长椅<br>胡同庭院项目<br>声音项目<br>光源项目<br>彩绘城市 |
| 村庄博物馆 | ·收集、记录近代文化遗产和生活文化，并将其加工、整理为单行本出版，并制作音源、视频等多种形式。此外，还将建设街道博物馆、村庄博物馆等，突出地区认同感，提高居民自豪感 | 生活文化调查归档，组建村庄博物馆 |

续表

| 核心事业 | 事业内容 | 细部促进事业 |
|---|---|---|
| 文化厢房 | ·居民、艺术家、行政部门多种主体见面，通过文化艺术进行沟通交流，形成对嘣嘣艺术村建设工作的共识。另外，作为连接地区居民日常生活和文化艺术的平台，建设村庄社区中心，作为社区的生活文化空间 | 建设村庄社区空间（生活文化中心） |
| 公共艺术节 | ·在村里不同场所同时举办艺术节，以提高知名度，激发居民的文化艺术兴趣 | 视觉艺术<br>公演 |
| 嘣嘣的创意 | ·通过开发和制作、分发纪念品、发行村报等，广泛介绍村庄，唤起居民对地区的关注 | 村庄品牌纪念品<br>村庄新闻 |

嘣嘣艺术村项目的公共艺术不是装饰性地设置在城市各个角落里的艺术作品，而是反映地区特点的场所特定艺术。

第一， 共计海内外 28 位作家团体和 80 多幅艺术作品参与，通过公共艺术的设计对记忆的场所进行文化的再生与活性化，运用多种媒体加大宣传，并修建基础设施及安全设施，以形成新的独特的村落景观。

第二， 都市文化的记录与再现。包括村庄博物馆项目在内，收集近代文化遗产和生活文化，并以单行本的形式出版或以影像和实物的形式展示；艺术家们则通过原始资料创造漫画、图像等，引起大众的关注。特别是在 2018 年文化体育观光部主管下，建立了地区文化代表品牌。

第三， 通过交流与参与，居民的观念发生了改变。在嘣嘣艺术村重点推进的社区项目中不仅增加了居民享受文化的机会，而且也为健康社区的形成作出了贡献。

## 四、要素应用情况分析

表 5–7　要素应用情况分析

| 分类 | 要素 | 内容 |
|---|---|---|
| 经济 | 社会功能性 | ·不仅改善了居民生活环境，还通过游客体验等创造工作岗位和增加收入<br>·来自不同领域的艺术家参与其中，制作了村庄各处需要的独特公共设施。到处都安装了照亮黑暗小巷的云状路灯、LED 路灯，公交车站或小巷为了方便居民，设置了多种长椅 |
| | | ·以国立海洋博物馆等丰富的旅游、文化资产为基础，周边建设了国际市场、札嘎其市场、影岛大桥和附近白浅滩文化村、太宗台游乐场<br>·村游收费（每人 6000 韩元），作为维持村社的基金积累，随着村庄被指定为文化体验代表品牌，吸引了大量游客，社区商圈复苏，村民收入整体提升 |

续表

| 分类 | 要素 | 内容 |
|---|---|---|
| 环境 | 场所性 | ·作为世界各国船只修理的发源地，这里聚集了八家修理造船厂和260多家工业公司、船舶配件企业。这些历史文化元素，都成为社区艺术发展文化产业的基础 |
| | | ·截至2018年，以33件泡泡艺术作品和3处空间为中心，分别是生活文化中心、导览中心、村工作室，具备了艺术村的面貌<br>·修理厂用锤子将船舷上的铁锈和海藻取下时，会发出“嘣嘣”的声音所以大平洞的别称“嘣嘣村”就源于此。运用这一声音特性来代表村名，具有很强的象征性<br>·通过在老旧建筑墙面上利用组合颜色和图案的沃尔艺术、电线杆的波尔艺术、为街道增添趣味的涂鸦艺术、村里常见的齿轮或锚的动漫作品及象征造型物等，营造出独特的村景 |
| | 社交性 | ·从2015年开始，每年不定期组织由社区居民组成的村园丁社团活动<br>·每周六、周日每天运行3次游船（海上旅游），下午2时进行综合旅游（大平洞的近代产业遗产和海洋文化）。游客至少提前1～2天在网站上填写旅游申请表，每次限制在20人以内<br>·大平村茶馆是村民自己经营的地方，销售自制饮料和甜点、嘣嘣艺术村纪念品等。内部设有15张桌子和60人左右的座位，可以作为演讲或演出等多种活动的多功能空间 |
| | 社交性 | ·公共机关和各领域的专家及居民一起合作推进项目，目标是在项目结束后构建以村社为中心的可持续运营体系<br>·除了居民组织的社区文化活动，还邀请艺术家、教育家、公司员工开展合作、教育和艺术活动，实现社区活性化 |
| | | ·公共艺术作品从策划阶段到制作、安装过程，持续收集居民的要求和意见，聚焦引导居民对作品的关注和利用<br>·项目开始之初行政部门和当地居民、专家一起进行了3个月的现场调查。调查了村庄的历史、现状环境、海边港口设施、水槽造船厂等，并以采访村庄成员等为基础，以此绘制整个项目的蓝图 |
| | 接近性 | ·所有记录内容都通过出版物和在线分发，并在新建成的空间中进行介绍<br>·在咨询中心分发的小程序中详细显示了艺术作品的位置，如果一个一个地跟着国内外作家留下的艺术作品走的话，会更了解嘣嘣艺术村的村庄历史<br>·利用灯光项目、废弃的空地建设公园或街道庭院，用体现地区特点的材料和形象制作长椅，受到居民的好评，成为与艺术相结合的居民便利设施 |

续表

| 分类 | 要素 | 内容 |
|---|---|---|
| 环境 | 主体性 | ·“嘣嘣”已经成为象征大平洞村民勤劳和毅力的单词，也是村庄大平洞的名称。名称不仅象征地域性，也象征当地团结力 |
| | | ·同时进行了居民参与，直接带动各种活动和事业的各种社团活动，如诗画社团活动、舞蹈社团、培养村记者和解说员的社团、村园丁社团、村茶馆社团等这些活动的目标是居民直接参与各种文化艺术活动，形成可持续的社区<br>·嘣嘣艺术村制作了包含地区历史和生活足迹的多种内容，分别收集、记录了历史、产业、生活，并出版了单行本，同时还制作了音源、视频等多种形式 |
| 管理 | 持续性 | ·嘣嘣艺术村通过舞蹈、写诗、解说、种植村庄花草、文化艺术社团活动，使村庄可持续发展<br>·影岛导线修复、公共艺术、村庄博物馆、文化厢房、公共艺术节、嘣嘣创意等 6 个核心项目及 19 个具体项目，长期举办 |
| | | ·在每年的村园丁社团活动中，从草坪施工到花盆制作，从涂料到房屋维修等，居民自发进行居住环境管理 |
| 艺术 | 艺术性 | ·村博物馆通过文物、影像、文字、艺术作品、照片等多种媒体和方式，向市民和游客展示了 100 多年间积累起来的多坪洞水利造船业的各种故事和居民生活史等 |
| | | ·在工厂的外墙上绘制了酷似人脸表情的船舶外观，并绘制了许多嘣嘣艺术村的风景图画<br>·在船舱加高台上设置了随风或潮汐流动而移动的人体艺术作品，不仅有良好的视觉效果，还可成为过往车辆以防坠落的警示牌<br>·制作了记录嘣嘣艺术村各处声音的声音素描、声音地图，还设置了可以用各种声音体验嘣嘣艺术村日常生活的艺术作品 |

## 第五节 小结

案例一日本黄金町主要分为两个阶段：第一阶段通过政府、NPO、当地警察、艺术家和居民的合作，实现改善街区的环境；第二阶段以艺术文化要素为媒介设立艺术学校，并与艺术家、教育者、居民合作实现当地文化和经济复兴。案例二日本 BankART 1929 以“横滨创意城市”政策为开端，通过改造第一银行和空间再利用，注入艺术文化创意产业，建立艺术学校，为艺术家、市民、访客提供共享和大众教育平台。随着 BankART 1929 的影响力扩大，多处相关艺术空间诞生，BankART 1929 逐步实现了社会文化网络的链接。案例三韩国防川市场通过利用荒废的传统市场的闲置空间与优惠政策，吸引艺术家与商人入驻，并利用周边地区历史文化，形成文化艺术网络纽带化，不仅活跃了地区经济，也重建了地区文化属性。案例四韩国影岛嘣嘣艺术村主要通过博物馆、社区中心、公共艺术的设立将具有 70 年造船的历史保存下来，以地区活力的恢复为目标，并开展了适合各阶层的居民活动与教育活动。

综合而言，四个案例均为公共机关主导型案例，其中案例三为政府主导政府运营型，案例一、二、四为政府主导民间运营型。虽在运营主体上存在差异，但政府在尊重市场发展规律的基础上，加以扶持和引导的做法是相同的，即以市场为主导、政府作引导的文化经济发展模式。政府运营型主要以开放地区优惠政策，吸引艺术家入驻的方式，激活地区商圈与连接地区经济活性化。民间运营型通过政府加强软环境建设，为其发展搭建广阔的平台，民间团体、企业等从地区居民所需的环境改善、文化设施建设出发恢复地区活力。

根据案例研究结果分析，整理要素框架，得出以社会功能性（5 个细部要素）、场所性（4 个细部要素）、社交性（4 个细部要素）、接近性（3 个细部要素）、主体性（3 个细部要素）、持续性（5 个细部要素）、艺术性（4 个细部要素）共七个核心要素及 28 个细部要素组成的要素框架（见表 5–8）。

**表 5–8 通过案例研究法整理核心要素与细部要素**

| 要素 | 序号 | 指标 | 内容 |
|---|---|---|---|
| 社会功能性 | A1 | 提高生活质量 | ·通过艺术活动、艺术创作来提高生活质量 |
| | A2 | 解决社会问题 | ·改善社区环境，帮助解决就业、创业问题，关怀弱势群体，增加不同阶层与社会的接触，化解和预防多文化社会矛盾，支援社区团体的合作项目 |
| | A3 | 教育功能 | ·心理教育，提供文化艺术相关教育与交流，提供地区活性化的义务教育出版物，培养人才和就业 |
| | A4 | 提升地区竞争力 | ·扩散地区影响力、地区商圈连接地区经济活性化、构建地区网络纽带化（媒体介入、带动周边地区、吸引访问客等） |
| | A5 | 生活环境 | ·改善社区居民生活环境，提高社区安全系数与便捷程度（线路、路面、渗水系统、无障碍设施、照明、消防系统、公共服务设施等） |

续表

| 要素 | 序号 | 指标 | 内容 |
|---|---|---|---|
| 场所性 | B1 | 生态环境 | ·建筑风格、空间形态、环境景观、生物等 |
| | B2 | 人文环境 | ·历史文化、传统风俗、非物质文化遗产、地区文化历史、工艺、表演艺术、语言、教育背景等 |
| | B3 | 资源活用 | ·地区信息、空间资源活用，潜在资源再发现 |
| | B4 | 记忆场所 | ·建立城市、社区的记忆场所 |
| 社交性 | C1 | 大众参与 | ·大众直接参与艺术创作，鼓励当地居民参与地区关联的实践、活动 |
| | C2 | 相互作用 | ·多文化、多利益关系者（行政机关、专家、艺术家、商人、地区居民等）、艺术家与大众间相互作用 |
| | C3 | 过程的交流与公开 | ·在项目推进过程中（包括项目前期），通过实地考察、访谈、说明会、问卷调查、驻地项目、课程、体验等方式持续地进行交流，促进合作 |
| | C4 | 建立关系 | ·不同的种族、性别、年龄、文化背景、语言、职业等成员间建立关系，提高思想沟通能力 |
| 接近性 | D1 | 公共空间 | ·公共空间的无限制性（日常公共空间、地点、活动，任何人都可以自由参与与享受），环境的改善，扩大开放公共空间的营造 |
| | D2 | 连接 | ·人与人跨代间的连接，社区内部和外部环境间的连接，交通便捷 |
| | D3 | 信息获得 | ·在线（网站、媒体等）或非在线（报纸、刊物、获得社区情报、活动讯息） |
| 主体性 | E1 | 个人价值与归属感 | ·个人价值的发现，社区成员对地区的关心度和归属感 |
| | E2 | 社区集体意识 | ·地区价值认知和维护程度，地区文化的恢复，社区自我认同感 |
| | E3 | 文化艺术的强化 | ·通过文化艺术形式（如大众媒介：单行本、报纸、音频、视频，及视觉形象设计、品牌等，建立公共文化空间：博物馆、文化中心等）对主体性进行强化 |
| 持续性 | F1 | 运营 | ·公开的、有效的、自主的运营方式和集体秩序 |
| | F2 | 支援 | ·行政机关、企业、民间团体对社区运营与组织的支援（行政、经济、资源等方面） |
| | F3 | 活动的组织 | ·持续开展（长期或短期）多种类、多主题、艺术性、创意性的社区艺术活动 |
| | F4 | 建立联系 | ·通过与企业、周边地区团体、学校、媒体、政府等建立互相合作的网络 |
| | F5 | 需求把握 | ·理解地区居民，把握需求，了解社区现状，通过制定运营体制、举行论坛、会议等方式持续关注社区的运营与发展 |

续表

| 要素 | 序号 | 指标 | 内容 |
|---|---|---|---|
| 艺术性 | G1 | 文化表达 | ·地区文化、传统、艺术、风俗等的表现与传承 |
| | G2 | 个人表现 | ·个人价值、理解、信念、信息的表达与创造，发现自我潜在创造性和艺术本能 |
| | G3 | 审美可能性 | ·发现日常审美可能性 |
| | G4 | 生活艺术化 | ·将生活的美感、日常生活的艺术化，融入社区日常生活和公共空间 |

# 第六章　专家调查问卷

社区艺术的发展历史较短，对以社区为中心的文化创意产业发展缺少可借鉴的方案，需要相关行业从业者和专家对该项目的可靠性和有效性进行验证。因此，根据专家和相关行业从业者的意见对项目策划进行修改将更加有效。

设计评估方法，根据设计的评估阶段分为事前评估、过程评估和事后评估。事前评估是在设计的形成过程中进行的评估，是获取设计资源并有效分配的评估方法，是确保解决方案的基础资料的评估方法。因此，在本章中，通过问卷等客观程序，可确保评价指标的可信度和有效性。

## 第一节　研究方法

问卷的构成内容以社会功能性（5 个细部要素）、场所性（4 个细部要素）、社交性（4 个细部要素）、接近性（3 个细部要素）、主体性（3 个细部要素）、持续性（5 个细部要素）、艺术性（4 个细部要素）等七个核心要素及 28 个细部要素组成。

问卷调查方法是以社区艺术专家和相关从业者为调查对象，其中包括设计师、公务员、教授、研究者等。以面对面和 E-mail 发放的形式进行问卷调查。总调查人数为 140 人，其中有效问卷有 112 份，因此以 112 份的问卷调查答案进行分析。

问卷主要目的是对研究提出的评价清单进行修正调整，问卷答题形式采用李克特量表 5 度计分，对研究提出的评价清单中的项目的重要性进行评定，5 为非常重要，1 为不重要，对调查结果中得分较低（3 以下）的项目进行排除，保留较高得分的项目，形成最终的评价清单。问卷设置详见附录。

## 第二节　统计性分析

本研究的研究样本是收回的 112 份有效问卷，对被调查者的性别、年龄、国籍、学历、职业和专业领域进行了统计，主要目的是了解调查对象的构成是否具有代表性，是否可以反映全体样本的基本特征，代表全体样本（见表 6–1）。

表 6–1　调查对象构成

| 指标 | 项目 | 频度 | 百分比 |
|---|---|---|---|
| 性别 | 男性 | 79 | 53.7 |
| | 女性 | 68 | 46.3 |
| 年龄 | 20 ~ 30 岁 | 47 | 32 |
| | 21 ~ 40 岁 | 60 | 40.8 |
| | 41 ~ 50 岁 | 27 | 18.4 |
| | 51 ~ 60 岁 | 11 | 7.5 |
| | 60 岁以上 | 2 | 1.4 |
| 职业 | 设计师 | 30 | 20.4 |
| | 教育者 | 30 | 20.4 |
| | 公务员 | 15 | 10.2 |
| | 自营业 | 7 | 4.8 |
| | 公司职员 | 18 | 12.2 |
| | 学生 | 40 | 27.2 |
| | 艺术家 | 7 | 4.8 |

| 指标 | 项目 | 频度 | 百分比 |
|---|---|---|---|
| 国籍 | 中国 | 97 | 66 |
| | 韩国 | 50 | 34 |
| 学历 | 专科 | 18 | 12.2 |
| | 本科 | 29 | 19.7 |
| | 硕士研究生 | 52 | 35.4 |
| | 博士研究生 | 48 | 32.7 |
| 专业领域 | 设计学相关 | 44 | 30 |
| | 建筑学相关 | 26 | 17.7 |
| | 城市规划 | 10 | 6.8 |
| | 环境设计 | 18 | 12.2 |
| | 行政相关 | 10 | 6.8 |
| | 商业 | 7 | 4.8 |
| | 市场营销与服务 | 9 | 6.1 |
| | 艺术学相关 | 12 | 8.2 |
| | 教育相关 | 10 | 6.8 |
| | 其他 | 1 | 0.7 |

在 112 份有效问卷中全部人员均参与、研究或从事着社区艺术相关事业。其中男性占 53.7%，女性占 46.3%；从年龄看，20 ~ 30 岁占 32%，31 ~ 40 岁占 40.8%，41 ~ 50 岁占 18.4%，51 ~ 60 岁占 7.5%，61 岁以上占 1.3%；从国籍来看，中国占 66%，韩国占 34%；从学历看，专科占 12.2%，本科占 19.7%，硕士研究生占 35.4%，博士研究生占 32.7%；从职业看，设计师占 20.4%，教育者占 20.4%，公务员占 10.2%，自营业占 4.8%，公司职员占 12.2%，学生占 27.2%，艺术家占 4.8%。从专业领域看，设计相关占 30%，建筑设计相关占 17.7%，城市建设相关占 6.8%，园林相关占 12.2%，行政相关占 6.8%，商业相关占 4.8%，市场营销与服务相关占 6.1%，艺术相关占 8.2%，教育相关占 6.8%，其他相关占 0.7%，所以样本具有多样性和代表性。

## 第三节　结果分析

根据受访者参与和研究社区艺术的经验，以提出的要素框架为基础设置问卷进行调查。其中对社会性、场所性、社交性、接近性、主体性、持续性、艺术性七个要素及 28 个要素清单进行调查，采用李克特量表法计算得分，5 分为是，1 分为不是，见表 6–2。

表 6–2　调查项目平均结果

| 评价指标 | N | min | max | 平均值 | 标准差 |
|---|---|---|---|---|---|
| A1 | 112 | 1 | 5 | 3.63 | 1.15 |
| A2 | 112 | 1 | 5 | 3.65 | 1.14 |
| A3 | 112 | 1 | 5 | 4.18 | 0.93 |
| A4 | 112 | 1 | 5 | 3.47 | 1.19 |
| A5 | 112 | 1 | 5 | 3.78 | 1.09 |
| B1 | 112 | 1 | 5 | 3.66 | 1.22 |
| B2 | 112 | 1 | 5 | 3.73 | 1.13 |
| B3 | 112 | 1 | 5 | 3.60 | 1.17 |
| B4 | 112 | 1 | 5 | 1.96 | 0.97 |
| C1 | 112 | 1 | 5 | 3.31 | 1.32 |
| C2 | 112 | 1 | 5 | 4.08 | 0.88 |
| C3 | 112 | 1 | 5 | 3.66 | 1.20 |
| C4 | 112 | 1 | 5 | 3.45 | 1.12 |
| D1 | 112 | 1 | 5 | 3.49 | 1.04 |
| D2 | 112 | 1 | 5 | 3.53 | 1.03 |
| D3 | 112 | 1 | 5 | 3.54 | 0.98 |
| E1 | 112 | 1 | 5 | 3.70 | 1.08 |
| E2 | 112 | 1 | 5 | 3.60 | 1.05 |
| E3 | 112 | 1 | 5 | 3.63 | 0.99 |
| F1 | 112 | 1 | 5 | 4.04 | 1.19 |
| F2 | 112 | 1 | 5 | 3.70 | 1.10 |
| F3 | 112 | 1 | 5 | 3.55 | 1.07 |
| F4 | 112 | 1 | 5 | 3.84 | 1.05 |
| F5 | 112 | 1 | 5 | 3.71 | 1.14 |
| G1 | 112 | 1 | 5 | 3.67 | 0.90 |
| G2 | 112 | 1 | 5 | 3.79 | 1.06 |
| G3 | 112 | 1 | 5 | 1.79 | 0.88 |
| G4 | 112 | 1 | 5 | 3.65 | 1.00 |

从表 6–2 各项要素指标的平均值结果可以看出，除 B4 为 1.96、G3 为 1.79 外，其他项目的均值都在 3 以上。接下来，进一步通过分析七个要素的各评价指标的题项选择百分比情况，判断最终结果的差异性。具体内容如下。

B4、G3 存在差异性，B4 选择三分以下的人数占 71.5%，G3 选择 3 分以下的人数占 82.2%。即在本次调查中，绝大多数的被调查者根据他们参与过社区艺术的经验和认识，认为 B4 和 G3 并不适合作为社区艺术活用要素的必要指标。此内容中，必要指标代表的是不可缺少的指标，不是必要指标并不指错误指标。

## 第四节　更新后框架得出

从以上章节的研究可以看出，导向框架分为四个部分。首先，通过考虑文化创意产业的概念和相关研究趋势，掌握当前文化创意产业与社区艺术之间的关系与意义，从而阐明本研究的理论基础和方向。其次，通过研究国内外学者对社区和社区艺术的早期理论基础，以及 2012 年后 11 篇有关社区艺术的 KCI 论文，得出了基于理论背景和先行研究的社区艺术活用要素框架。再次，通过四个案例对要素框架中的七个要素进行确认与分析，进一步细化要素框架。最后，通过对参与过社区艺术事业的相关设计师、学者、教授、公务员为对象进行问卷调查，对本研究中提出的要素框架的可行性进行验证。

根据调查结果分析，除 B4、G3 两个要素外，均值都在 3 以上，且在全体调查对象中，均有 70% 以上的人数认为此两个要素为可以排除的非必要要素。因此，删除两个非必要要素后，调整要素框架，得出以社会功能性（5 个细部要素）、场所性（3 个细部要素）、社交性（4 个细部要素）、接近性（3 个细部要素）、主体性（3 个细部要素）、持续性（5 个细部要素）、艺术性（3 个细部要素）共七个核心要素及 26 个细部要素组成的要素框架。

# 第七章　结论与展望

## 第一节　主要研究结论

本书是通过社区艺术事业促进文化创意产业发展的研究，主要按以下阶段进行。

第一阶段通过研究文化创意产业的发展动向与概念，把握与社区艺术的关系，为本书明确理论根据和方向；对社区艺术进行理论性考察和先行研究的回顾，整理社区艺术的基本要素与细部要素，发现文化创意产业特性与社区艺术的要素具有多处共通点，因此两者结合，形成了促进文化创意产业发展的社区艺术活用要素的基本框架，分为社会性、场所性、社交性、接近性、主体性、持续性、艺术性等七个要素评价清单。第二阶段以七个要素指标为基础，对日本黄金町、日本BankART 1929、韩国防川市场、韩国影岛嘣嘣艺术村四个案例进行调查研究，以此结果为基础，将要素框架的内容细化，形成修改后的要素框架，共计七个核心要素28 个细部要素评价清单。第三阶段对要素框架的评价清单进行预调查，以参与过社区艺术项目的从业者和研究者为对象，对本书提出的要素框架进行客观评价，形成最终修改的要素框架。

从社会功能性层面来看，基于社区艺术能将居民、行政部门和艺术家联系在一起，而市民和地方政府共同合作的自下而上的模式成为创意城市的方向，尤其是能解决城市快速发展中不均衡导致的社会性问题。在社区艺术开发的过程中，公众的文化艺术享有的权利在艺术领域得到了强调，从社区艺术本身出发，采取环境保护与修复措施，扩大地区空间功能，使地区经济组织和艺术教育机构的形式多样化，从而促进了就业和青年企业家的发展，使公众和艺术家受益。以日本黄金町为例，将停滞的街道变成由艺术家和居民共同参与管理的文化空间，形成特色商圈后年轻人的涌入和旅游业的发展，促进了整个地区的繁荣。案例研究中还发现，在项目前期对社区的环境都进行了改善，包括社区的安全和便利程度。因此在社会功能性原有的四个要素评价清单上添加了“生活环境”要素。

从场所性层面来看，社区艺术基于地区环境而形成，并与之紧密联系。通过发展文化艺术活动，人与场所相互影响，场所的自然环境与人的活动结合在一起，使城市景观特征与人文环境共生，产生场所独特的个性，形成了与其他地方区分开来的身份特征。这不仅发掘与激活了地区独特的自然环境、历史文化、传统风俗等，也促进了地区成员的归属感与主体性。以韩国影岛嘣嘣艺术村为例，以地区固有的社会文化资源和地理特性为基础，进行修复与重建，形成具有地区场所特色的文化艺术空间。案例研究中还发现影岛嘣嘣艺术村中建立了地区的记忆场所，如建立村庄博物馆，以此来陈列历史物件和展示历史故事。因此在场所性原有的三个要素评价清单上添加了“记忆场所”要素。

从社交性层面来看，社区艺术是根据实际需要，与当地居民合作，共同参与实践文化艺术活动，或创作艺术作品，营造良好的视觉环境，促进人与人之间的交流行为，促使参与者之间建立关系。这不仅建立了良好的文化艺术交流空间，同时也维持了与协调参与者之间的关系。政府成立管理平台，为社区运转提供领导作用，民间形成商会团体，不同领域的专家和学者共同关注社区发展，持续以不定期的会议，实现多方合作促进地区可持续性的发展。

从接近性层面来看，在交通方面，不仅需要考虑合理的空间布局和引导，还包括公共交通的便利性，如步行系统及停车场的安排等。自然环境的改善，如公共艺术、公共设施等公共空间的无障碍性与开放性环境的营造，为居民提供了共享空间。通过大众媒介和网络推广等方式传播地区信息，使访问客更方便地到达目的地。这一因素最大限度地体现了公众参与公共生活的可能性，以直观的方式体现了公共生活的能动性和有效性。如防川市场、影岛嘣嘣艺术村、BankART 1929 都建立了各自的独立网站，在网站上公示社区新闻与展演信息，包括交通路线图等讯息，为访问客提供最大程度的便捷。同时，居民还可以通过在线或非在线的方式获取社区的信息，以此来缩短与社区的距离，提高沟通的效率。因此在接近性原有的两个要素评价清单上添加了“信息获取”要素。

从主体性的层面来看，一方面，当地居民对社区艺术事业形成明确的价值观念，利用文化生产功能改善长期的落后性，并创造新的当地文化身份，以增强当地居民的归属感。如黄金町、防川市场消除了曾经存在的负面影响，以往的原住民回归家园，而入驻当地的艺术家们也获得了居民的身份。另一方面，利用文化艺术的传播性与传达性，强化社区文化属性。只有确立了当地的文化主体性，艺术家、创业者和投资者才能稳定地进行事业运营。如影岛嘣嘣艺术村，设立了博物馆与展览馆，将具有过去历史要素的展览品陈列出来，并以地区文化为基础，创立了文化创意品牌、商品等，强化了地区文化属性与主体性。同时，还包括了通过文化艺术的形式来强化社区居民的主体性。因此在主体性原有的两个要素评价清单上添加了“文化艺术的强化”要素。

从持续性的层面来看，一方面，通过社区运营体系，如行政机关与社区组织会议、居民说明会等交流方式，实现社区事业的文化生产模式。另一方面，通过长期或定期开发社区文化艺术活动和与其他地区组织建立合作，实现长期合作的战略，以达到继续扩展地区多样化和创意性的文化艺术平台的目的。随着地区居民对地区关心度和归属感加强，逐步形成自发性的、可持续性发展的集体秩序。

从艺术性的层面来看，艺术性通过新的视角发现当地的文化资源，发现自我潜在的创造性价值，实现当地物质文化的传承与重建。在保障创意性的前提下，考虑当地的文化资源及文化特征，融入社区日常生活及公共空间，进行创作活动，有效防止艺术的表现形式、表现方式的落后以及脱离大众的审美习惯。如防川市场的金光硕路，用墙绘的方式将地区历史以故事形式表现出来，不仅起到了改善美化社区的作用，同时作为一种有效的载体，还起到了推动社区品牌，宣传社区文化的作用。

从以上内容可发现所述案例与第二章中提出社区艺术活用的核心要素有可匹配的部分，虽然不是所有的细部要素都有匹配，但是发生差异的原因是，每个要素在进行过程中都具有着不同的特性。根据各案例的社区艺术核心要素特征，得出的分析结果也有所不同。于是在理论基础上，又重新整理了各核心要素、详细要素内容及特征。

文化创意产业与社区艺术都是以文化艺术为媒介而发展的。两者关系主要由三个层面建立：第一，文化创意产业是高附加值产业，大幅度地提高了传统制造业产品的文化和知识含量，促进了产业类型的转化，提升了城市竞争力；第二，文化创意产业被作为城市产业转型和创意城市发展的重要手段，利用文化创意应对城市问题，改善居民生活；第三，社区作为城市的组成单位，其最终目的是使人与人、人与城市之间的关系向友好可持续的方向发展，从而引发公共生活的变化。

社区艺术相较于文化创意产业，第一，提出了艺术和社会环境之间的种种联系，将艺术看作是公共事业，与社会生活紧密联系。艺术的介入成为一种活动方式和思维方式，同时还表达着一种价值体现和态度，对艺术的功能与意义作出了拓展和延伸。因此本书对“社会性”这一特性作出了说明。第二，提出可持续性的意义，作为政府主导的社区艺术，并不是一种短期能够看到成效的项目，社区能够自我循环，形成有效的运营方式和集体秩序，形成不断的自我更新是社区持续性发展中需要不断实践与研究的。第三，提出了以艺术为媒介的应用，如通过艺术活动、艺术教育、艺术作品等方式介入地区居民生活，鼓励社区居民参与，满足社区居民日益增长的精神文化需求。与地区文化的和谐共生，以艺术的手段表达和传承文化，促进文化的可持续性发展。

## 第二节　研究的局限性与展望

本书结合文化创意产业和社区艺术理论，整理了适合文化创意产业发展的社区艺术活用要素框架。但本次研究的要素框架是通过理论本身内容，对该要素框架进行事例验证，只考察了日本黄金町、日本 BankART 1929、韩国防川市场、韩国影岛嘣嘣艺术村等两个国家的社区艺术，之后的研究将继续对其他国家的社区艺术进行考察、研究，以此对该理论框架进行更多的完善与补充，并对具体当事人进行深度访谈。

从本书内容可以看出，艺术介入社区建设往往被认为是一种实现地区特色，增强城市竞争力的方法。也就是说，它被作为地区活性化的一种手段，常与地方政府紧密联结。为此，今后将对有关方案的修正上，包括筹资方法、人员分配等内容，应与有关政策研究者和实践者合作，以提高政策的妥当性。

最后，社区艺术的最终目的是服务于地区居民，促进公共生活的和谐，今后要综合考虑地区居民的特性，对不同特性的地区居民有针对性地实施不同的方案，以此发挥更大影响力。

# 附录　社区艺术项目的要素及内容调查问卷

社区艺术，指日常生活中，以艺术为媒介，居民自发成为社区主体的艺术活动。它以参与者之间的关系形成和持续为基础，融合了城市当地文化、个人的理解和价值信念，以艺术形态进行表达，并试图促进社区能动性的价值变化。在这个过程中会促进人与艺术、人与城市的融合（见附表 1）。

**附表 1　社区艺术机制活用于文化创意产业的核心要素及定义**

| 核心要素 | 定义 |
| --- | --- |
| 社会功能性 | 第一，社区成员们具有文化艺术享有的需求与权利。第二，关于社会问题，能理解社区成员的记忆与情感，帮助化解社会问题，解决成员之间的矛盾，为弱势群体提供工作岗位，适当的经济适用住房与基础设施服务。第三，关于开发艺术的教育功能，使公众和研究者受益。第四，形成社区网络，社区成员在相互交往过程中自然形成协调、平衡的关系和行为，帮助成员生活质量提升，传播地区影响力 |
| 场所性 | 场所性指该地区体现出与其他地区不同的特性。主要体现在地区独特的视觉形象、景观和资源、信息得到充分利用<br>在同一地区内形成相似的人文环境、传统历史，构建当地的场所记忆系统，以此来区分与其他地区或社区之间的差异性 |
| 社交性 | 社交性把艺术作为媒介，集体创作，参与实践，促进人与人之间面对面交流的行为，让成员之间形成相互关系的视角<br>多元化的文化与参与主体间相互沟通与作用，激发创意的产生<br>当地专家、艺术家和社区居民共同参与规划、创造、设计，鼓励大众反馈交流，共筑新的文化价值 |
| 接近性 | 接近性指实体空间接近的可能性与心理层面的距离感减少。原则上不受经济或社会地位的限制，所有人都可以进入的空间。主要表现在公共空间、公共设施等空间可以自由进入与交流，并能够没有障碍地接近，为居民提供娱乐的机会及文化福利，减少居民与居民、地区、文化艺术之间的距离感，包括通过网络与媒体创建的虚拟空间。这一因素最大限度地体现了公众参与公共生活的可能性，以直观的方式体现公共生活的可塑性和有效性 |

续表

| 核心要素 | 定义 |
| --- | --- |
| 认同性 | 认同性是保持自身的同一性和不同于他人的本质特征。主要表现为在地区历史和文化环境中共同成长起来的社会关系意识、风俗、建筑或空间的设计样式等，累积形成具有与其他地方不同的特性。这种认同性一方面能够有助于加强社区居民与他人，比如邻居、同一社区的成员或同一国家公民，以及同一价值取向的社会成员之间的联系的牢固性；另一方面，身份认同感也是社区成员自我价值发现与认知恢复的主要来源。不仅对个人的自我认知有恢复作用，且能促进共同体的形成 |
| 持续性 | 社区艺术中强调关注社区发展的主动性与自足的产业促进方式与运营体制，运营组织的意志力与领导性会影响规划、目的、决策过程。通过成员、机构及运营程序的相互协调，形成可持续的、良性循环的社区结构，维持社区集体秩序 |
| 艺术性 | 艺术性是整个社区艺术活动的主体。通过艺术创作反映地区的文化特性，是对客观社会的反应，以此来表达当地居民的个人理解、价值观与信念。通过艺术发现自身潜能，激发创造性<br>日常生活艺术化是指将艺术与社会重新在一种日常行为中组织起来，在公共空间中更广泛地传播 |

问卷注意事项：

本问卷是为了活用社区艺术机制，发展文化创意产业而进行的评定项目，将会根据您提出的宝贵意见进行完善与修改。

1. 对于社区艺术活动机制要素及评定项目，请先评定合理性与否，再请您写下改进意见。

2. 对于社区艺术活动机制要素及评定项目中，为遵循方案的合理性，项目内容以 7 分记分法评定要素对研究目的的重要性，以 5 分记分法评定要素与研究目的的相关性。请参考上述内容作出您的判断，并填写在打分栏中，然后按照判断的数字填写意见（见附表 2）。

**附表 2　问卷答题范例**

| 要素 | 评价标准 | | | | | | | | | | | | | | |
| --- | --- | --- | --- | --- | --- | --- | --- | --- | --- | --- | --- | --- | --- | --- | --- |
| | 重要度评价 | | | | | | | 得分 | 相关性评价 | | | | | 得分 | 改进意见 |
| | 1 | 2 | 3 | 4 | 5 | 6 | 7 | | 1 | 2 | 3 | 4 | 5 | | |
| 社交性 | | | | | | | √ | 7 | | | | | √ | 5 | |
| 艺术性 | | | | | | √ | | 6 | | | √ | | | 3 | |

正式问卷内容如下。

具体说明如下：7 分为极其重要；6 分为非常重要；5 分为比较重要（或非常相关）；4 分为重要（或相关）；2 分为比较不重要（或比较不相关）1 分为极其不重要（或非常不相关）。

## 问卷项目一

请使用“√”进行选择。

| 要素 | 7 个核心要素 | | | | | | | | | | | | | | |
|---|---|---|---|---|---|---|---|---|---|---|---|---|---|---|---|
| | 重要度评价 | | | | | | | 得分 | 相关性评价 | | | | | 得分 | 改进意见 |
| | 1 | 2 | 3 | 4 | 5 | 6 | 7 | | 1 | 2 | 3 | 4 | 5 | | |
| 社会功能性 | | | | | | | | | | | | | | | |
| 场所性 | | | | | | | | | | | | | | | |
| 社交性 | | | | | | | | | | | | | | | |
| 接近性 | | | | | | | | | | | | | | | |
| 认同性 | | | | | | | | | | | | | | | |
| 持续性 | | | | | | | | | | | | | | | |
| 艺术性 | | | | | | | | | | | | | | | |

| 要素 | 社会功能性 | | | | | | | | | | | | | | |
|---|---|---|---|---|---|---|---|---|---|---|---|---|---|---|---|
| | 重要度评价 | | | | | | | 得分 | 相关性评价 | | | | | 得分 | 改进意见 |
| | 1 | 2 | 3 | 4 | 5 | 6 | 7 | | 1 | 2 | 3 | 4 | 5 | | |
| 文化享有 | | | | | | | | | | | | | | | |
| 社会问题 | | | | | | | | | | | | | | | |
| 教育功能 | | | | | | | | | | | | | | | |
| 竞争力 | | | | | | | | | | | | | | | |

| 要素 | 场所性 | | | | | | | | | | | | | | |
|---|---|---|---|---|---|---|---|---|---|---|---|---|---|---|---|
| | 重要度评价 | | | | | | | 得分 | 相关性评价 | | | | | 得分 | 改进意见 |
| | 1 | 2 | 3 | 4 | 5 | 6 | 7 | | 1 | 2 | 3 | 4 | 5 | | |
| 地区资源 | | | | | | | | | | | | | | | |
| 人文环境 | | | | | | | | | | | | | | | |

| 要素 | 社交性 | | | | | | | | | | | | | | |
|---|---|---|---|---|---|---|---|---|---|---|---|---|---|---|---|
| | 重要度评价 | | | | | | | 得分 | 相关性评价 | | | | | 得分 | 改进意见 |
| | 1 | 2 | 3 | 4 | 5 | 6 | 7 | | 1 | 2 | 3 | 4 | 5 | | |
| 大众参与 | | | | | | | | | | | | | | | |
| 相互作用 | | | | | | | | | | | | | | | |
| 合作过程 | | | | | | | | | | | | | | | |

| 要素 | 接近性 | | | | | | | | | | | | | | |
|---|---|---|---|---|---|---|---|---|---|---|---|---|---|---|---|
| | 重要度评价 | | | | | | | 得分 | 相关性评价 | | | | | 得分 | 改进意见 |
| | 1 | 2 | 3 | 4 | 5 | 6 | 7 | | 1 | 2 | 3 | 4 | 5 | | |
| 空间接近 | | | | | | | | | | | | | | | |
| 心理接近 | | | | | | | | | | | | | | | |

| 要素 | 认同性 | | | | | | | | | | | | | | |
|---|---|---|---|---|---|---|---|---|---|---|---|---|---|---|---|
| | 重要度评价 | | | | | | | 得分 | 相关性评价 | | | | | 得分 | 改进意见 |
| | 1 | 2 | 3 | 4 | 5 | 6 | 7 | | 1 | 2 | 3 | 4 | 5 | | |
| 共同体 | | | | | | | | | | | | | | | |
| 个人 | | | | | | | | | | | | | | | |

| 要素 | 持续性 | | | | | | | | | | | | | | |
|---|---|---|---|---|---|---|---|---|---|---|---|---|---|---|---|
| | 重要度评价 | | | | | | | 得分 | 相关性评价 | | | | | 得分 | 改进意见 |
| | 1 | 2 | 3 | 4 | 5 | 6 | 7 | | 1 | 2 | 3 | 4 | 5 | | |
| 运营 | | | | | | | | | | | | | | | |
| 组织 | | | | | | | | | | | | | | | |

| 要素 | 艺术性 | | | | | | | | | | | | | | |
|---|---|---|---|---|---|---|---|---|---|---|---|---|---|---|---|
| | 重要度评价 | | | | | | | 得分 | 相关性评价 | | | | | 得分 | 改进意见 |
| | 1 | 2 | 3 | 4 | 5 | 6 | 7 | | 1 | 2 | 3 | 4 | 5 | | |
| 当地文化 | | | | | | | | | | | | | | | |
| 艺术创作 | | | | | | | | | | | | | | | |

# 问卷项目二

在社区艺术事业中，您认为以下项目是不是必须具备的要素？请选择您认为的程度。

## 一、关于社区艺术事业中的社会功能性

1. 您是否认为社区居民具备文化艺术享有的权利非常重要？

2. 您是否认为帮助居民解决社会问题（如社区环境改善、就业、弱势群体关怀、住房基础设施、化解社区矛盾等）非常重要？

3. 您是否认为为居民提供教育非常重要？

4. 您是否认为扩散地区影响力，提升地区竞争力非常重要？

## 二、关于社区艺术事业中的场所性

1. 您是否认为自然环境非常重要？

2. 您是否认为人文环境非常重要？

3. 您是否认为地区信息、资源的活用非常重要？

4. 您是否认为建立记忆场所系统（如博物馆、美术馆、展览馆等）非常重要？

## 三、关于社区艺术事业中的社交性

1. 您是否认为鼓励居民参与地区相关联的实践与活动非常重要？

2. 您是否认为由多主体间（行政机关、艺术家、专家、商人、居民等）共同参与项目的开发和运营非常重要？

3. 您是否认为项目开展过程中交流与公开（以实地考察、访谈、问卷调查、体验、说明会等方式）非常重要？

4. 您是否认为社区成员间具备相互关系性视角（共情）非常重要？

## 四、关于社区艺术事业中的接近性

1. 您是否认为大众交通的便捷性与连接性非常重要？

2. 您是否认为公共空间的无障碍性（居民可无障碍进入与使用）非常重要？

3. 您是否认为社区信息能较容易获得（通过在线或非在线的方式）非常

重要？

## 五、关于社区艺术事业中的主体性

1. 您是否认为社区成员对地区的关心度与归属感非常重要？

2. 您是否认为对地区的价值认知和维护程度非常重要？

3. 您是否认为通过文化艺术形式对社区形象的塑造非常重要？

## 六、关于社区艺术事业中的持续性

1. 您是否认为社区成员之间形成相互协调的社区组织结构非常重要？

2. 您是否认为行政机关对社区运营与组织的支援（行政、经济、资源等方面）非常重要？

3. 您是否认为持续开展（长期或短期）多样化与创意性的社区艺术活动非常重要？

4. 您是否认为通过与社会组织（企业、周边地区团体、学校、媒体等）合作，建立社区与外界的联系非常重要？

5. 您是否认为（通过制定运营体制、举行论坛、会议等方式）持续关注社区的运营与发展非常重要？

## 七、关于社区艺术事业中的艺术性

1. 您是否认为地区的文化传承非常重要？

2. 您是否认为个人的价值观表达与创造性非常重要？

3. 您是否认为社区日常生活、风俗、历史、文化用艺术化的手段表达非常重要？

4. 您是否认为艺术融入社区日常生活、公共空间非常重要？

以上就是本次问卷的全部内容。

对于您提供的帮助，我表示非常感谢。您的回答对我非常重要，我会将相关信息进行综合分析。

如有相关疑问，请与我联系。再次感谢！

# 参考文献


[1] 胡艳蕾 . 社区公共文化服务合作治理 [M]. 北京：中国社会科学出版社，2021.

[2] 向勇、崔世平、徐秀菊，等 . 社区经济与创意营造 [M]. 北京：社会科学文献出版社，2018.

[3] 毕天云 . 社区文化：社区建设的重要资源 [J]. 思想站线，2003,（04）: 85–88.

[4] 斐迪南・滕尼斯 . 共同体与社会—纯粹社会学的基本概念 [M]. 北京：北京大学出版社，2010.

[5] 历无畏 . 创意改变中国 [M]. 北京：新华出版社，2009.

[6] 柴彦威，塔娜 . 中国时空间行为研究进展 [J]. 地理科学进展，2013，32（09）: 1362–1373.

[7] 约翰・霍金斯 . 创意生态 [M]. 北京：北京联合出版公司，2011.

[8] 陆扬，路瑜 . 大众文化研究在中国 [J]. 天津社会与科学，2003,（06）: 108–112.

[9] 刘利永，张京成，黄琳 . 文化创意产业的本质特征与实践误区 [J]. 中国软科学，2010,（S2）: 240–244.

[10] 杜德斌，盛垒 . 创意产业：现代服务业新的增长点 [J]. 经济导刊，2005,（08）: 78–82.

[11] 高宏宇 . 文化及创意产业与城市发展 [D]. 同济大学，2007.

[12] 杨群 . 城市化率过半，要警惕“半城市化”[N]. 解放日报，2012-05-23.

[13] 余霖 . 文化产业、创意产业和文化创意产业概念辨析 [J]. 厦门理工学院学报，2013.

[14] 何海兵 . 我国城市基层社会管理体制的变迁：从单位制、街居制到社区制 [J]. 管理世界，2003,（06）: 52–62.

[15] 夏学銮 . 中国社区建设的理论架构探讨 [J]. 北京大学学报（哲学社会科学版），2002,（01）: 127–134.

[16] 张海涛，苏同华，钱春海 . 创意产业兴起的背景分析及其启示 [J]. 中国软科学，2006，（12）：58–63+93.

[17] 蒋婷婷 . 基于软创新的文化创意产业创新系统研究 [D]. 上海交通大学，2016.

[18] 理查德 · 佛罗里达 . 创意阶层的崛起 [M]. 北京：中信出版社，2010.